Peter Himmelhuber

MEIN GARTENPARADIES

Der schöne Steingarten

Trautwein Garten-Edition

2004 Trautwein Garten-Edition

Chefredaktion: Evelyn Boos
Redaktion: Gesa Scheziat
Produktion: Wolfram Friedrich
Abbildungen: Peter Himmelhuber
Titelabbildung: Peter Himmelhuber
Layout, Satz und Reproduktion: Tausend Premedia GmbH, München
Layoutentwurf und Umschlaggestaltung: Axel Ganguin

ISBN 3-8174-5677-8
5156771

Mehr Infos im Internet unter www.compactverlag.de

Inhalt

Inhalt

Planung und Gestaltung

Planung und Gestaltung

Besondere Lebensräume für ausgewählte Pflanzen

In der Natur entstehen Steingärten durch jahrelange Verwitterung. Eis, Schnee, Regen und Sonne brechen die Felsen und bereiten den Pflanzen eine Wachstumsgrundlage vor. Der Wind und die Tiere siedeln die Samen an, welche in den Felsspalten keimen und je nach Art ausgebreitete Staudenpolster oder kräftige Büsche bilden. Im Garten lässt sich dies mit Methode nachahmen.

Im Prinzip entwickelt sich bereits ein Haufen Steine zu einem echten Steingarten, sobald sich

Steingarten am Hang

„Steingarten" in den Alpen

Trockenmauer im Garten

in den Ritzen Pflanzen ausbreiten. Wer jedoch ein schönes Alpinum kennt, wird kaum mit einem Steinhaufen zufrieden sein – es sei denn, irgendwo abseits in einer Gartenecke als Nistplatz für Eidechsen und andere Tiere. Als Gestaltungselement passt ein richtig angelegter Steinaufbau besser. Das kann ein kleines Alpinum sein, aber auch eine Trockenmauer, eine Kräuterspirale oder ein Schotterbeet.

Die Anlage eines Steingartens ist keine Kunst, dennoch kann ein durchaus kunstvolles Gebilde zu Stande kommen. Wer hohe Ansprüche stellt – etwa im Vergleich mit einem Alpinum eines botanischen Gartens – wird jedoch mehr Mühe haben und nicht vor Enttäuschungen bewahrt bleiben. Denn alpine Pflanzen erfordern Fingerspitzengefühl und Kenntnisse. Wer mit einem einfachen Aufbau aus Natursteinen und pflegeleichten Pflanzen zufrieden ist, wird ohne besonderen Aufwand seine Freude haben. Die Knochenarbeit bleibt jedoch auch hier nicht erspart. Das Schwerste beim Bau eines Steingartens ist die Beschaffung und Aufschichtung der Steine. Sie machen je nach Art und Größe mehr oder weniger

Kräuterschnecke

Schotterbeet

Alpinum

Planung und Gestaltung

Steinbruch

Mühe.Deshalb sollte die Anlage gut durchdacht werden, besonders, wenn sie an einer abgelegenen Stelle entstehen soll, die nicht mit Maschinen, sondern nur mit der Schubkarre erreichbar ist. Es lohnt sich kaum, die Natursteine selbst – etwa mit dem PKW-Anhänger – zu besorgen. Nur bei einer kleinen Anlage (z. B. einer Kräuterschnecke) und wenn ein Steinbruch in der Nähe liegt, kann dies noch in Eigenregie geschehen. Sonst wird man das tonnenschwere Baumaterial besser mit dem LKW liefern lassen. Dies übernimmt sicher gerne und zuverlässig ein Transporteur aus der Umgebung oder der Steinbruchbetrieb selbst (siehe Telefonbranchenbuch „Transporte" oder „Steinbrüche"). Vor der Bestellung sollte das Gestein begutachtet werden, zumal es von jeder Steinart verschiedene Qualitäten und Größen gibt. Für einen einfachen Steingarten genügen unbehandelte Bruchsteine. Für eine Trockenmauer eignen sich handbehauene, kantige Steine besser. Das Teuerste ist meistens der Transport. Die Steine selbst kosten recht wenig (je nach Art pro Tonne ab ca. 20 Euro aufwärts). Es lohnt sich also möglichst eine volle Fuhre zu bestellen. Das sind bei einem durchschnittlichen LKW etwa 6 Tonnen. Damit lässt sich schon etwas anfangen. Falls Steine übrig bleiben, kann man sie andernorts im Garten unterbringen. Die Pflanzen sollten Sie selbst auswählen und beschaffen. Jedes Gartencenter hat ein Sortiment an Steingartenpflanzen in

Handbehauene Kalksteine

Bruchsteinlieferung

Töpfen parat, die jederzeit gepflanzt werden können. Erde ist normalerweise ausreichend im Garten vorhanden. Wenn nicht – etwa bei einer großen Anlage – wird auch sie kostengünstig von einem Transporteur geliefert.

Natürliche Vorbilder

In der Natur sind „Steingärten" meistens großräumig, wie etwa die Schotterhalden in den Alpen oder die Kiesbänke an den Flussoberläufen. Oft sind sie auch Veränderungen unterworfen. So erschaffen beispielsweise Lawinen oder Hochwasser ständig neue Landschaften. Wo sie beständig sind, bieten sie natürlich einen besonderen Lebensraum für Tiere und Pflanzen. Solche Steinlandschaften sind kaum mit Steingärten im Garten vergleichbar. Dennoch kann man die Natur als Vorbild nehmen und Landschaften oder Teilstücke davon in den Garten übertragen.

Baustoff: Gestein, Erde und Pflanzen

Die Baustoffe Gestein, Erde und Pflanzen passen gut zusammen und lassen sich vielfältig arrangieren. Das Material ist so abwechslungsreich wie die Gestaltungsmöglichkeiten. Es gibt Kalkgestein, Granit, Schiefer, Sandstein und viele andere Arten. Diese sind in vielen Formen, so etwa große Quader, flache Platten oder geschliffene Kiesel erhältlich. Das Gestein sollte möglichst aus der näheren Umgebung stammen, zumal regionale Baustoffe am besten in den Garten passen. Zudem sind sie einfacher zu beschaffen. Der Transport des ohnehin schweren

Selbstabholung mit Kleinlaster

Planung und Gestaltung

Materials über weite Strecken ist nicht nur aus ökologischen Gründen bedenklich. Oft gibt es einen Steinbruch, ein Schotterwerk oder eine Kiesgrube in der Region. Die relativ kleinen Mengen, die für einen Steingarten gebraucht werden, „fallen nicht ins Gewicht", wenn man vergleicht wie viele Tonnen beispielsweise für den Straßenbau oder die Zementherstellung aus dem Berg gesprengt werden. Selbst in Regionen ohne Steinbruch ist die Anlage eines Steingartens durchaus machbar. Statt der Bruchsteine eignen sich auch Ziegel für den Aufbau oder Steine von einem Gebäudeabriss, die sonst entsorgt werden müssten. Für ein Kiesbeet ist gewöhnlicher Rollkies der richtige Baustoff, der sonst beim Hausbau zur Drainage dient.

Küchenschellen läuten das Frühjahr ein

Ein Steingarten bietet mit seinen Nischen und Furchen zahlreichen Tieren Unterschlupf und Wurzelraum für besondere Pflanzen. Eidechsen kommen oft von selbst und sonnen sich im Sommer gerne auf den warmen Steinen. Wildbienen und Schmetterlinge fliegen zum Nektartrinken an. Immerhin blühen schon im Spätwinter die ersten Polsterstauden und danach verschiedene andere Nektarquellen auf, insbesondere Kräuter und Duftsträucher, wie der Sommerflieder, die Bartblume oder der Wilde Dost. Natürlich ist der Steingarten auch ein idealer Le-

Rollkies in verschiedenen Körnungen

Kräuterbeet mit Ziegeln

Zauneidechse

bensraum für seltene alpine Pflanzen. Enziane, Küchenschellen und Katzenpfötchen brauchen solche Plätze zum Gedeihen. Selbstverständlich stammen die Jungpflanzen nicht aus der Natur, sondern aus eigener Anzucht oder aus einer Staudengärtnerei. Vorkultivierte Topfpflanzen wachsen zügig an. Ausgegrabenen Wildpflanzen wurzeln hingegen selten ein und verkümmern somit schnell. Damit das Wesentliche erhalten und sichtbar bleibt, ist die Pflanzenauswahl natürlich begrenzt und vor allem auf kleinwüchsige Arten beschränkt, die das Gestein nicht überwuchern.

Küchenschellen

Gestaltungsmöglichkeiten

Sie können natürlich einfach einen Haufen Steine in den Garten kippen und darauf warten, was daraus wird. Der Wind weht Erde und Pflanzensamen an und bald grünt und blüht es. Allerdings sind die meisten Gärten zu klein für solche „wilden“ Steingärten. Außerdem haben Sie sicher eigene Vorstellungen und Wünsche, die Sie in die Tat umsetzen möchten. Das kann beispielsweise ein kleines Alpinum mit Bach sein, eine Trockenmauer am Hang oder ein Steingarten mit speziellen Pflanzen. Gewöhnlich richtet sich die Art und Form des Steingartens nach dem Grundstück beziehungsweise nach der vorhandenen Fläche. Die Anlage ist sowohl bei der Gartenneugestaltung als auch nachträglich möglich. Ein strenger Plan ist gewöhnlich unnötig, zumal es sich nicht um ein Bauprojekt handelt. Anders als etwa

Alpinum im Garten

Planung und Gestaltung

Trockenmauer mit Natursteintreppe

ein Plattenweg, der ein Fundament braucht oder ein Gartenteich, der einen soliden Unterbau erfordert, lässt sich ein Steingarten recht frei anlegen. Selbstverständlich sind gewisse statische Richtlinien und Grundlagen bei der Gesteinswahl, beim Aufbau und der Bepflanzung zu beachten. Schließlich soll ja ein schönes und langlebiges Gestaltungselement geschaffen werden. Im Übrigen sind nachträgliche Änderungen kaum oder nur mit Mühe möglich. Bevor also die Steinlieferung kommt, müssen die Lage, die Form und die Größe ungefähr festgelegt sein.

Standortwahl

Eine Südlage ist günstig, zumal die meisten Steingartenpflanzen viel Licht brauchen. Steingärten, Trockenmauern oder Kiesbeete passen aber auch an absonnige Plätze. So kann eine Trockenmauer etwa einen nordseitigen Vorgarten an der Straße einfrieden oder unter Bäumen einen

Südhang mit Trockenmauer

Zweitsitzplatz abschirmen. Ebenso ist die Anlage eines pflegeleichten Kiesbeetes am Eingang machbar. Zur Begrünung dienen dann immergrüne Gehölze, wie Rhododendren, Buchs, Efeu und Mahonien sowie Stauden, Gräser und Farne. Beispielsweise Funkien, Lungenkraut, Walderdbeeren, Seggen und Hirschzungenfarn, die im Schatten besser gedeihen als an sonnigen Plätzen. Steingärten, Trockenmauern und Kiesbeete sind sowohl als eigenständige Gestaltungselemente, etwa als Freiflächen an der Terrasse, als Stützwände am Hang oder als pflegeleichte Beete am Haus einsetzbar, als auch vorzüglich mit anderen Projekten kombinierbar. So kann ein Gartenteich direkt an einen Steingarten angrenzen, der als Quelle für einen Bach geschaffen wird. Gleichermaßen bietet sich ein Kiesbeet als Einfassung für einen Teich an, zumal die Kieselsteine eine schöne und wirksame Abdeckung der Folie bilden.

Kiesbeet am Haus

Trockenmauer mit Kräutern

Trockenmauer

Natürliche Hanglage

Obwohl ein Garten am Hang mehr Mühe macht als ein Garten in der Ebene, lässt sich doch aus der Not eine Tugend machen. Die Schräglage bietet sich vorzüglich für Steingärten und Trockenmauern an. Oft fällt das nötige Baumaterial beim Aushub der Baugrube besonders am Hang direkt auf dem eigenen Grundstück an. Die Natursteine müssen allerdings frostsicher und für den Bau geeignet sein. Andernfalls sind Bruchsteine aber recht preisgünstig in Steinbrüchen zu bekommen. Die groben Erdarbeiten sollten bereits im Zuge des Hausbaues erledigt werden. Denn solange ist die Zufahrt mit schweren Baumaschinen noch möglich. Wenn das Hanggrundstück eine ausreichende Größe hat, ist auch die Anlage mehrerer Terrassen machbar. Durch das Aufschütten von Humus, der mit massiven Stützwänden gesichert wird, sind ebene Flächen herstellbar. Zum Abfangen kleiner Böschungen eignen sich Feldlesesteine oder unbehauene Bruchsteine. Für Steilwände sind kantige Natursteine besser, die sich einfacher aufschichten lassen. In den Fugen breiten sich Polsterstauden aus. Die Terrassierung lohnt sich etwa dann, wenn eine Spielwiese für Kinder erwünscht ist oder wenn ein großer Gemüsegarten auf ebener Fläche entstehen soll.

Trockenmauer

Hangausbau

Anlage und Vorarbeiten

Anlage und Vorarbeiten

Steine wählen und aussortieren

Kantige Kalkbruchsteine

Die Materialwahl richtet sich nach der Art des Steingartens und nach der Verfügbarkeit des Gesteins. So kommen für den Bau einer massiven Trockenmauer, die als Stützwand dient, vorzugsweise frostsichere, kantige Steine zum Einsatz. Das können beispielsweise so genannte Wasserbausteine aus Granit sein, die in großen Mengen für die Uferbefestigung an Flüssen verwendet werden. Ebenso eignen sich kantige Kalksteine, die allerdings frostbeständig sein müssen. Vorzugsweise fällt die Wahl auf eine Gesteinsart, die für die Region typisch ist. So wird in Mittelgebirgsgegenden, in denen Granitgestein vorherrscht, auch im Garten am besten Granit passen. Vor allem, wenn eigenes Gestein auf dem Grundstück vorhanden ist, lohnt sich die Nutzung bei Steingartenprojekten, vorausgesetzt, dass es dafür geeignet ist. Brüchiges Kalkgestein lässt sich selbstverständlich nicht für Stützmauern einsetzen. Es kann aber für die Anlage einer kleinen Trockenmauer, etwa für die Einfassung des Gemüsegartens nützlich sein. Falls einige Steine bei Frost brüchig werden und zerbröseln, schadet das nicht. Sie bieten dann den Kräutern auf der Mauer eine Möglichkeit zum Einwurzeln. Natürlich ist für spezielle Gestaltungselemente ein bestimmtes Gestein nötig. Ein Kiesbeet entsteht aus Rollkies in bestimmten Größen, für ein

Unbehauene Kalkbruchsteine drehen, bis sie richtig sitzen.

Schotterbeet wird Kalk- oder Granitschotter gebraucht und wer sich für ein naturgetreues Alpinum einer bestimmten Gebirgsregion entscheidet, ist auf das typische Gestein dieser Region angewiesen.

Trockenmauer bauen

Boden vorbereiten

Steingärten brauchen keinen besonderen Unterbau. Anders als bei einem Mauerwerk aus Betonsteinen, Ziegeln oder auch aus Natursteinen, welches ein tragfähiges Streifenfundament aus Beton benötigt, ist die Errichtung einer Mauer aus lose aufgeschichteten Steinbrocken direkt auf dem gewachsenen Boden möglich. Allenfalls sollte die lockere Humusdecke abgetragen werden. Wie in der Natur liegen die Steine ohne Unterbau im vorbereiteten Bett. Das kann sowohl ein flacher Graben sein, der beim Aushub der lockeren Mutterbodenschicht für eine Trockenmauer entsteht als auch eine großflächige Senke beim Bau eines ausgedehnten Steingartens oder eines Kiesbeets. Zu beachten ist, dass bei Bodenverdichtungen oder bei schwerem Lehmboden schon vorbeugend Staunässe zu vermeiden ist. Falls nötig werden stellenweise auf betroffenen Plätzen Drainagelöcher ausgekoffert und mit Rollkies gefüllt. Hier kann später überschüssiges Regenwasser nach unten abziehen und versickern. Eine Auflage mit Vlies oder Mulchfolie verhindert das Verschlämmen dieser Drainagelöcher. Diese Kunstfasergewebe eignen sich auch als vorbeugender Unkrautschutz in Kies- oder Schotterbeeten. Ein Acrylfaservlies, das beim Teichbau als Schutz für die Folie zum

Splittbeet mit Vlies

Anlage und Vorarbeiten

Einsatz kommt, wird nach dem Abtragen der losen Mutterbodenschicht lückenlos auf der ganzen Fläche ausgebreitet. Dann erst erfolgt die Verteilung der Kiesel oder Schottersteine. Die Mutterbodenschicht kann übrigens erhalten bleiben, wenn das Kies- oder Schotterbeet dicht mit Stauden, Gräsern oder Gehölzen begrünt wird. Dann ist es nötig, an den Pflanzstellen das Vlies kreuzförmig aufzuschneiden, um das Einpflanzen der Wurzelballen zu ermöglichen.

Richtige Anlage

Jeder Steingarten muss von der Basis an richtig aufgebaut werden. Dies gilt natürlich ebenso für ein Alpinum, eine Trockenmauer oder eine Kräuterschnecke. Die Steine müssen fest sitzen und dürfen beim Klettern – was beim Aufbauen einer höheren Anlage kaum zu umgehen ist – nicht wackeln oder gar wegrutschen. Dazu müssen die Steine schräg aufgebaut werden, das heißt unten breiter als oben. Mit kantigen Steinen ist natürlich ein Aufschichten steilerer Wände eher möglich als mit unbehauenen rundlichen Brocken. Diese erfordern einen breiteren Aufbau. Schon beim Aufschichten sollten alle Hohlräume mit Erde gefüllt werden. Dazu genügt den meisten Pflanzen gewöhnliche Gartenerde. Nur ausgewählte alpine Arten brauchen ein artgerechtes meistens mineralisches Substrat. Die Bepflanzung kann sogleich geschehen, insbesondere die von Kiefern, Zwergweiden und anderen Gehölzen. Mauerpfeffer,

Polsterstauden pflanzen

Pflanzung in Fugen

Schmaler Graben für eine Trockenmauer

Hauswurzen und andere Stauden lassen sich auch nachher noch in die Lücken setzen. Nach der Pflanzung brauchen die Stauden und Gehölze genügend Wasser. Später versorgen sie sich selbst, zumal sie Trockenheit gut vertragen. Nur wuchernde Wildpflanzen, die sich selbst ansiedeln, müssen gelegentlich gejätet werden, wenn sie stören.

Aufbau Schritt für Schritt

Zunächst wird der Boden vorbereitet. Dazu steckt man die Grundfläche ab und hebt die

Kurz + Wichtig

Schwierigkeitsgrad:	einfach, jedoch sorgfältiger und ziemlich mühevoller Aufbau
Kraftaufwand:	groß, vor allem bei Verwendung schwerer Brocken
Arbeitszeit:	je nach Größe und Art; etwa ein Wochenende für eine kleine Anlage
Helferanzahl:	1 Helfer genügt; besonders für den Steintransport
Werkzeuge:	übliche Gartenwerkzeuge (Spaten, Spitzhacke, Schaufel etc.) sowie Schubkarre und Sackkarre
Materialpreis:	ab ca. 20 € pro Tonne Gestein sowie 2 bis 4 € pro Steingartenstaude (Polsterphlox, Blaukissen etc.) und entsprechend mehr für Gehölze (Kiefern, Alpenrosen etc.)

Anlage und Vorarbeiten

Bruchsteine setzen

lockere Mutterbodenschicht aus. Die Aushuberde wird beim Aufbau wieder gebraucht und erst einmal in der Nähe gelagert. Auf dem gewachsenen beziehungsweise festen Untergrund lässt sich nun die erste Steinreihe setzen. Sie fasst die gesamte Grundfläche ein. In dieses Bett kommt nun bis zur Oberkante der Steine Erde. Die Erde wird festgetreten und verdichtet, damit sie später nicht mehr zusammensackt. Jetzt lässt sich der Steingarten auf der unteren Steinlage weiter aufbauen. Dazu setzt man Stein für Stein auf die untere Steinlage und zwar so, dass sie jeweils eine Fuge in der unteren Reihe überdecken.

Erde hinterfüllen

Weiterer Aufbau

Fertige Trockenmauer

Trockenmauer nach Begrünung

Kreuzfugen sind zu vermeiden. Ein kegelförmiger Aufbau ist grundsätzlich bei jedem Steingarten-Typ wichtig (Schotter- oder Kiesbeet ausgenommen). Die Flanken müssen sich also nach oben verjüngen, damit die Steine fest sitzen und nicht abrutschen. Die Oberfläche jedes Steines soll leicht schräg nach innen geneigt sein, damit sich Nischen zur Bepflanzung bilden und die Erde nicht ausgewaschen wird.

Stein auf Stein

Auf diese Weise wird eine Steinlage nach der nächsten weiter aufgebaut bis die gewünschte Höhe erreicht ist. Dabei lassen sich kantige Steine einfacher zu einem stabilen Verband aufschichten als runde. Aber selbst mit großen Kieseln ist der Bau eines Steingartens möglich, wenn sie sorgfältig gelegt und so verkeilt werden, dass sie fest sitzen. Dies ist im Übrigen bei allen Steinen wichtig, ebenso wie das lückenlose Verfüllen mit Erde. Jeder Stein muss gedreht und gewendet werden, bis er richtig fest sitzt. Hohlräume sind mit Erde zu verfüllen. Richtig fest wird der Aufbau aber erst, wenn die Gehölze und Stauden gut eingewurzelt sind. Je größer ein Steingarten gebaut und je besser er modelliert wird, umso attraktiver ist er. Zumal er Pflanzflächen für viele verschiedene Gehölze und Stauden bietet und sich eventuell auch für einen kleinen Teich oder Bach mit Wasserfall eignet.

Bruchsteine transportieren

Gute Gartenerde nutzen

Erde füllen

Steine auf Fugen setzen

Anlage und Vorarbeiten

Bepflanzung mit Gehölzen und Stauden

Containerpflanzen einsetzen

Steingarten bepflanzen

Bepflanzung je nach Typ

Zwischen den Steinen bleiben Lücken, die sogleich mit Erde gefüllt und bepflanzt werden. Je nach Bepflanzung ist ein spezielles Substrat nötig. Alpenrosen (z. B. Rhododendron hirsutum) und andere Moorbeetpflanzen brauchen saure Erde. Stauden und Gehölze, die auf Kalkgesteinsböden vorkommen, gedeihen nur auf alkalischer (kalkhaltiger) Erde. Den meisten Pflanzen genügt aber gute Gartenerde, so etwa den Latschen (Zwergkiefern), Zwergweiden, Seidelbast-Arten, Polsterphlox, Blaukissen, Hauswurzen und vielen anderen. Bei der Pflanzenauswahl ist eine gute Beratung mit Pflanz- und Pflegeanleitung empfehlenswert, vor allem bei besonderen Arten. Übrigens ist diesbezüglich auch die Gesteins-Art zu beachten. Kalkgestein reagiert beispielsweise alkalisch, das heißt, auf Kalkstein gedeihen nur kalkverträgliche Pflanzen. Die meisten Steingartenpflanzen sind jedoch recht tolerant und wachsen auf jedem Gestein beziehungsweise in guter Erde zwischen den Steinen. Eine universelle Erde für die meisten Gehölze, Stauden, Gräser und Kräuter ist eine Mischung aus 1/3 lehmiger Gartenerde, 1/3 Sand und 1/3 Kompost. Für besondere Pflanzen mischt man je nach Art ein eigenes Substrat hinzu.

Steingartenpflanzen

Gehölze, die von Natur aus besonders gut in Steingärten gedeihen, sind:
Zirbelkiefern, Säulenwacholder, Felsenmispeln, Felsenbirnen (Amelanchier ovalis), Bergkiefern (insbesondere Zwergformen), Zwergweiden, Alpenrosen, Seidelbast, Salbei, Lavendel u. a.; natürlich beschränkt man sich auf einige Arten, je nach Größe des Steingartens und verfügbarem Platz.
Von den ausdauernden Stauden bieten sich an:
Polsterphlox, Blaukissen, Steinkraut, Mauerpfeffer, Hauswurz, Enzian, Küchenschelle, Primeln, Alpenmohn, Mannsschild, Nelken, Christrose, Akelei, Steinbrech, Silberdistel, Glockenblumen u.a. Stauden wirken in kleinen Gruppen am besten. Sie sind ausdauernd und breiten sich zunehmend aus.
Das gilt auch für Gräser (z. B. Blauschwingel, Bärenfellgras, Perlgras) und für Wildzwiebelblumen, wie etwa Blausternchen, Wildtulpen, Traubenhyazinthen, Herbstzeitlose, Schneeglöckchen, Märzenbecher, Krokusse, Zwergiris u. a. Sie vermehren sich, wenn sie ungestört blühen sowie abblühen und einziehen dürfen.

Üppiger Flor durch gezielte Bepflanzung

Anlage und Vorarbeiten

Steingartenpflanzen (pflegeleichte, robuste und ausdauernde Arten)

Gattung	Polsterstaude (flächig)	Gehölz (strauchig)	Blütezeit
Blaukissen (Aubrieta x cultorum)	x		IV-V
Bodendeckerrosen (Rosa-Sorten)		x	V-IX
Felsenmispel (Cotoneaster dammerii)		x	IV-V
Gänsekresse (Arabis caucasica)	x		III-IV
Glockenblumen (Campanula-Arten)	x		VI-VII
Hauswurz (Sempervivum-Arten)		x	VI
Katzenminze (Nepeta x faassenii)	x		V-IX
Kissenaster (Aster dumosus)	x		VIII-IX
Küchenschelle (Pulsatilla vulgaris)	x		III-IV
Lavendel (Lavandula officinalis)		x	VI-VII
Lichtnelke (Silene alpestris)	x		VI-VIII
Mauerpfeffer (Sedum-Arten)	x		V-IX
Nelken (Dianthus-Arten)	x		VI-VII
Polsterphlox (Phlox subulata)	x		IV-V
Salbei (Salvia officinalis)		x	VI
Schafgarbe (Achillea filipendula)	x		VI-VIII
Schleifenblume (Iberis sempervirens)		x	V
Silberwurz (Dryas octopetala)	x		V-VI
Steinbrech (Saxifraga x arendsii)	x		V
Steinkraut (Alyssum saxatile)	x		IV-V
Thymian (Thymus vulgaris)		x	VI-VII
Zwergbergkiefer (Pinus mugo “Mops”)		x	V

Rosen und Kräuter

Findlinge verteilen

Wie in Wald und Flur, wo Findlinge auch an Wegrändern aus dem Boden ragen oder Feldlesesteine zu Trockenmauern aufgeschichtet sind, gehören Steine nicht nur ins Alpinum oder in andere spezielle Steingärten, vielmehr tragen sie an vielen Plätzen zur Gestaltung der Gartenanlagen bei. So ist der Einsatz schöner großer Natursteine in Gruppen oder als Einzelstücke in Heidegärten, in Staudenrabatten oder in Kräuterbeeten möglich. Hier wirken die granitgrauen oder kalkgelben Findlinge wie kleine Monumente, wenn sie geschickt inmitten der blühenden Pflanzen eingebettet sind. Wohlgeformte Exemplare bieten sich auch als

Gestaltungsbeispiele in Arbeitsschritten

Gestalten mit Gestein

Gärten bestehen nicht nur aus Pflanzen. Zur Gestaltung tragen viele verschiedene Baustoffe bei. Neben Holz und Metall kommt Gestein zum Einsatz.
Wer ein gut gestaltetes Alpinum eines botanischen Gartens kennt, wird solche Anlagen aus geschickt aufgeschichteten Felsen und ausgewählten Pflanzen zu schätzen wissen. Obwohl Steingärten im Vergleich zu Schmuckgärten oder Staudenbeeten karg wirken, zeigen sie doch das ganze Jahr ihre schönen Seiten. Im Frühjahr blühen zwischen den Felsen bunte Zwiebelblumen, im Sommer setzen die Steinformationen üppige Polsterstauden in Szene, im Herbst kommen die leuchtenden Farben der Gräser zur Geltung und im Winter sind es die Steine selbst, die dekorativ wirken.

Granitbausteine

Anlage und Vorarbeiten

Kantige Granitbausteine aufbauen

Sitzsteine an, wenn sie an günstigen Stellen etwa am Teich oder an der Terrasse einen Platz bekommen. Mit ausgewählten kantigen Bruchsteinen, die bei der Lieferung von Naturgestein für eine Trockenmauer anfallen, ist auch der Bau von massiven Sitzbänken oder Sitzgruppen möglich.

Bezugsquellen

Bruchsteine sind in Gebirgsregionen recht preisgünstig von Steinbrüchen zu bekommen. Adressen finden Sie im Telefonbranchenbuch.

Gelegentlich fallen beim Ausbaggern von Kiesgruben große Kiesel an, die sich vorzüglich für die Gartengestaltung eignen.

Bezugsquellen für Natursteine sind weiterhin die Äcker in der Umgebung. Auf Anfrage geben manche Bauern die Feldlesesteine, die sie beim Pflügen aus dem Boden reißen, an Interessenten ab. Findlinge in freier Landschaft dürfen selbstverständlich nicht einfach abtransportiert werden, was bei großen Exemplaren ohnehin nur mit Maschinen möglich wäre.

In Gärten, die auf steinigen Grundstücken entstehen, liegen die Rohstoffe oft vor der eigenen Haustüre. Es lohnt sich schon beim Erdaushub für das Wohnhaus auf brauchbare Steine zu achten, die während der Bauarbeiten erst einmal abseits gelagert werden.

Solange die schweren Baumaschinen noch am Ort sind, ist selbst der Transport großer Felsbrocken an passende Plätze kein Problem.

Viele Materialien

Neben Bruchsteinen, Findlingen und Feldlesesteinen eignen sich viele andere Steine für die Gartengestaltung. So hat sich Rollkies beim Ausbau und der Randgestaltung von Teichen bewährt. Natursteinplatten bilden dauerhafte Beläge an der Terrasse oder beim Wegebau. Das gilt auch für Kleinsteinpflaster, das auf einen massiven Schotterunterbau verlegt wird. Große Baustoffzentren, Pflasterbaufirmen oder spezielle Natursteinlager verfügen über umfangreiche Sortimente verschiedener Natursteinmaterialien, die in Ausstellungen zu besichtigen sind. Bei der Auswahl ist eine Preisliste nützlich. Eine Vorauswahl kann bereits zu Hause mit Hilfe eines Baustoffkatalogs erfolgen. Anregungen für die Gestaltung mit Naturgestein sind oft auch bei Landesgartenschauen oder in öffentlichen Sichtungsgärten zu bekommen.

Tipp

Stein statt Holz

Natursteine sind der beste Baustoff für die Hangbefestigung. Sie wirken natürlich und geben dem Garten beziehungsweise den Stützwänden einen alpinen Charakter. Vor allem aber sind sie völlig wetterfest und unverrottbar – anders als Holzpalisaden, die zwar auch sehr schön wirken, aber selbst mittels hochgiftiger Imprägniermittel nur begrenzt haltbar sind.

Berge bauen

Die Alpen sind seit ihrer Entstehung ein Wunder der Natur. Schon viele Naturfreunde wurden deshalb bei Exkursionen in der Bergwelt zur Gestaltung mit Gestein angeregt. An manchen Orten entstanden sogar Steingärten, die vom typischen Charakter bestimmter Bergregionen geprägt sind.

Selbstverständlich lässt sich so ein „ausgewachsenes“ Alpinum nur in großen Gartenanlagen bauen. Doch auch kleine Gärten bieten genügend Fläche für die Gestaltung mit Steinen, Erde und alpinen Pflanzen. Besonders gut entwickeln sich Steingärten an sonnigen Plätzen. Dort kann man das Schöne hervorragend mit dem Nützlichen verbinden, indem man z. B. mit einer Trockenmauer aus Naturgestein einen Hang stützt oder Küchenkräuter im Steingarten an der Terrasse kultiviert. Schließlich sei auch darauf hingewiesen, dass gelungene Steingärten vielen Tieren einen idealen Lebensraum bieten. So dauert es nach dem Aufbau oft nur kurze Zeit, bis die ersten Eidechsen in der Sonne baden und Schmetterlinge Nektar suchen.

Alpine Pflanzen auswählen

Im Steingarten können Sie die typische Flora der Berge ansiedeln. Dazu gehören Gehölze, wie Berg- und Zirbelkiefern, Felsenbirnen, Zwergweiden und Stauden, wie der Enzian, die Pfingstrose, das Steinbrech, die Hauswurz und viele andere. Jedes Gartencenter führt ein buntes Sortiment typischer Steingartenpflanzen im Angebot. Sie können natürlich auch eigene Pflanzen verwenden oder selbst Jungpflanzen vermehren. Dazu bieten sich vor allem Kräuter an, die ganz einfach durch Stecklinge vermehrbar sind.

Magere Erde mischen

Alpine Steingartenpflanzen gedeihen wie am Naturstandort am besten in magerer mineralischer Erde. Humoser, nährstoffhaltiger Gartenboden kommt besser gezüchteten Kulturpflanzen, wie Bodendeckerrosen, Sommerblumen oder Blütenstauden zugute,

Anlage und Vorarbeiten

die sich natürlich auch in einem Steingarten ansiedeln lassen. Lehmige Gartenerde sollten Sie mit Sand mischen. Sandiger Lehm oder lehmiger Sand ist für alle Arten – ausgenommen für Spezialisten, wie Rhododendren – gleichermaßen gut geeignet. Ein sandiges Substrat lässt sich auch leichter in die Mauerritzen füllen als Lehmerde.

Ein Fundament auskoffern

Jeder Steingarten sollte auf einer soliden Basis ruhen. Beim Aufbau ist es deshalb günstig, ein Fundament für die unterste Steinlage auszukoffern. Darin werden nun die ersten Steine eingesenkt. Drehen Sie stets eine flache Seite nach oben, damit die nächsten Steinlagen gut aufliegen. Jeder Stein muss fest im Fundament sitzen, ohne zu wackeln. Wenn nötig, sollten Sie unpassende Steine ersetzen oder mit Substrat unterfüllen bis sie richtig sitzen. Zwischen den Steinen sollten ausreichende Zwischenräume für das Erdsubstrat erhalten bleiben.

Konischer Aufbau

Der Steinaufbau soll sich nach oben verjüngen. Bauen Sie die Steinetagen von unten nach oben schmäler, sodass ein pyramidales Gebilde zustande kommt. Während des Aufbaus werden die einzelnen Steinlagen mit Erde gefüllt und sogleich bepflanzt, denn nach dem Aufbau wird es schwierig, die Wurzelballen schadlos in die Ritzen zu drücken.

Konischer Aufbau

Fugen mit Erde füllen

Pflanzen einsetzen

Trockenmauer im Sommer

Erste Pflege

Sobald der Steingarten angelegt ist, sollten Sie die Pflanzen langsam mit Wasser einschlämmen, ohne Erde auszuspülen. Bei Trockenheit muss auch während der Saison gewässert werden, bis die Pflanzen richtig festgewurzelt sind. Später beschränkt sich die Pflege dann auf das Unkrautjäten. Wenn nötig, müssen auch zu üppige Polsterstauden eingedämmt werden. Am Ende der Saison bekommen die kälteempfindlichen Arten einen Frostschutz.

Steingärten in der Schale

Alpine Stauden und Gehölze müssen zwangsläufig mit geringem Wurzelraum zurecht kommen. Wie in den Bergen genügt diesen Überlebenskünstlern auch im Garten ein Platz auf magerem Boden. Einige ausgewählte Arten lassen sich sozusagen – nach Art der Bonsais – auch in Schalen kultivieren. Solche besonderen Lebensräume sind das ganze Jahr sehenswerte Gestaltungselemente.

Bergkiefern (Pinus montana) und Zirbeln (Pinus cembra) sitzen im Hochgebirge direkt auf den nackten Felsen. An den Steilwänden gibt es keinen Mutterboden. Die Sämlinge halten sich mit dicken Ankerwurzeln zwischen den Felsen fest oder dringen in das lose Geröll ein. Genauso kommen staudenartige Pflanzen mit den rauen Wachstumsgrundlagen in einer Höhe von über 2000 m zurecht. Hauswurzen, Fetthennen oder Steinbrech-Arten siedeln sich auf den blanken Felsen an und bilden

Steingarten im Trog

Anlage und Vorarbeiten

mit den Jahren dichte Bestände. Diese „Extrembergsteiger“ ducken sich zum Schutz vor Schnee, Wind und Geröll flach auf den Boden und breiten sich mit Wurzelausläufern weiter aus. Das nötige Wasser und die Nährstoffe speichern die robusten und frostharten Gewächse in fleischigen Blättern.

Sowohl die Gehölze, als auch die Stauden sind natürlich zur Bepflanzung von Steingärten in Schalen wie geschaffen. Sie kommen auch hier – besser als andere Pflanzen – mit den ungewöhnlichen Wachstumsbedingungen zurecht. Einige von ihnen lassen sich sogar direkt auf nackten Felsbrocken oder ausgewählten Steinen ansiedeln. Wie in den Bergen breiten sich Hauswurzen und Fetthennen auch im Flachland flächig aus. Neben bepflanzten Steinen sehen handbehauene Natursteintröge gut aus, die mit ausgewählten Gewächsen besetzt sind. Dazu können einige kleine Gehölze dienen sowie alpine Stauden. Steintröge aus Granit, Kalkstein oder anderen Materialien sind allerdings nur selten zu bekommen und sie haben wegen der schwierigen und langwierigen Herstellung

Vielfalt im Kleinformat

ihren Preis. Manchmal sind auch an Feldrändern oder in alten Steinbrüchen brauchbare Steinbrocken zu finden, die bepflanzbare Mulden aufweisen. Solche Fundstücke eignen sich ebenfalls als Wachstumsgrundlagen für alpine Pflanzen. Aus dem Wald oder von den Bergen dürfen übrigens keine Natursteine entwendet werden. Solche Findlinge stehen in der Regel unter Naturschutz. Die schweren Brocken sind ohnehin kaum oder nur mit Maschinen transportabel.

Kiefern in Kübeln

Kleine Steingärten können statt in Natursteintrögen auch in gewöhnlichen Pflanzgefässen entstehen. Kiefern, Hauswurzen und Fetthennen lassen sich beispielsweise in Tonkästen oder in Tonschalen kultivieren. Als Substrat dient eine Mischung aus Gartenerde und mineralischem Material. Das kann wiederum eine Mischung aus Splitt, Sand und Blähtongranulat sein. Die Zusammensetzung richtet sich nach der Art der Bepflanzung. So brauchen beispielsweise Spezialisten, wie Alpenrosen (z. B. Rhododendron hirsutum) ein eigenes Substrat. Diese typischen Moorbeetpflanzen gedeihen nur in saurer Erde. Sie sind zwar am Naturstandort in den Bergen auf Kalkfelsen zu finden, sitzen hier allerdings in einer dünnen Schicht Rohhumus, der eine saure Wirkung hat. Kalkverträgliche Arten (z. B. Alyssum, Campanula oder Carlina acaulis) bekommen eine Substratmischung mit Kalksplitt. Kalkmeidende Arten (z. B. Rhododendron, Gentiana acaulis oder Arnica montana) werden in kalkfreie Erde gepflanzt. Dafür dient zum Mischen beispielsweise fertige Rhododendronerde, die mit Blähtongranulat vermengt wird. Die meisten alpinen Gehölze und Stauden sind aber recht tolerant. Sie kommen in jeder lockeren Erdmischung zurecht, die mit mineralischen Stoffen wie Sand, Splitt oder Blähton angereichert ist. Wichtig ist ein guter Wasserabzug, den der Sand oder ein anderer mineralischer Stoff fördert. Selbstverständlich müssen die Pflanzgefässe am Boden Wasserablauföffnungen haben.

Einrichtung

Für erste Gestaltungsexperimente genügt zunächst eine schöne große Tonschale, die mit ausgesuchten Natursteinen und den dazu passenden Pflanzen ausgestattet wird. Das kann eine kleine Bergkiefer sein, die einige Polsterstauden als Begleitpflanzen erhält. Für solche Steingärten reichen stets wenige Exemplare aus, damit der Steingartencharakter nicht schon in wenigen Jahren unter einer dichten Pflanzendecke verschwindet. Nach dem ersten Steingarten in der Schale sind natürlich weitere Kreationen machbar, die andere Pflanzungen beherbergen. Mit alpinen Stauden und Gehölzen in Pflanzgefäßen entstehen immergrüne Steingärten, die besonders im Winter einen Wert als Gestaltungselemente auf Balkons und Terrassen haben.

Kiefer im Kübel

Anlage und Vorarbeiten

Pflanzen für Bergfreunde

Mit ausgewählten Arten können Sammlungen bestimmter Gewächse zustande kommen. So gibt es etwa von der Hauswurz mehr als 20 verschiedene Arten und davon wiederum etliche Unterarten, die sich durch unterschiedliche Blätter und Blüten auszeichnen. Damit lassen sich spezielle Schalen bepflanzen, so etwa eine Schale mit Sempervivum tectorum, eine mit Sempervivum arachnoideum und eine mit Sempervivum montanum. Der botanische Name Sempervivum heißt zu deutsch „immerlebend“ und ist bezeichnend für diese unverwüstlichen Bergbewohner. Sie bleiben auch in Pflanzgefäßen immergrün und sind das ganze Jahr als Balkonpflanzen attraktiv. Schnee und Eis schadet ihnen ebenso wenig wie Hitze, Wind und Regen. Hauswurzen breiten sich durch Kindel aus und bilden selbst in flachen Schalen oder in ungewöhnlichen Pflanzgefäßen dichte Bestände. Im Sommer bringen alte Pflanzen ihre prächtigen Blütenstände hervor. Ähnlich genügsam und vital sind Mauerpfeffer-Arten (Sedum). Davon gibt es ebenfalls etliche verschiedene Arten, die sich gleichermaßen in Schalen und Trögen kultivieren lassen. Auch sie sind immergrün und das ganze Jahr hindurch ansehnlich. Als schön und nützlich haben sich Kräuterpflanzen mit alpinem Ursprung bewährt. Dazu gehören Mauerpfeffer-Arten, insbesondere die Tripmadam (Sedum reflexum), der Thymian (Thymus serphyllum) und das Bergbohnenkraut (Satureja montana). Zusammen mit strauchförmigen Arten, wie dem Salbei (Salvia officinalis) und dem Lavendel (Lavandula angustifolia), die recht gut in Pflanzgefäßen gedeihen, können kleine Kräutergärten gestaltet werden. Solche Arrangements brauchen aber – anders als Gruppen mit kleinen Polsterstauden – ausreichend große Kübel und Kästen, damit sich üppige Bestände bilden.

Tipp

Zwiebelpflanzen für Troggärten
In der Natur kommen etliche Zwiebelblumen in den Bergen vor. Sie eignen sich natürlich auch zur Ansiedlung in den kleinen Steingärten. Dazu zählen Krokusse, Traubenhyazinthen und Zwergnarzissen. Pflanzzeit für die Blumenzwiebeln ist im Herbst.

Kräuterschnecke bauen

Lavendel, Thymian und Salbei bleiben viele Jahre vital und blühfähig, wenn sie einen geschützten Platz im Garten bekommen. Am besten passt diesen und anderen ausdauernden Kräutern ein Platz an der Sonne. Wie im Mittelmeerraum lassen sie sich in eigenen Steingärten ansiedeln. Dazu zählen auch Kräuterschnecken und Trockenmauern.

Eine Kräuterschnecke oder Kräuterspirale ist im Prinzip eine Trockenmauer in runder Form. Sie wird mehr oder weniger streng aufgebaut und mit ausgewählten Kräutern bepflanzt. Dazu dienen vorzugsweise mehrjährige Arten, die mit zunehmendem Alter immer üppiger werden. So können gehölzartige Kräuter wie Salbei, Lavendel, Ysop, Thymian und staudenartige Kräuter wie Pfefferminze, Zitronenmelisse und Wermut den Kräutergarten in wenigen Jahren überwuchern. Je nach Bedarf stehen dann den Sommer hindurch stets frische Triebe für die Ernte bereit. Das Abpflücken schadet den Pflanzen nicht. Sie werden dadurch sogar zur Verzweigung und zum buschigen Wuchs angeregt.

Kräuter sind recht genügsame, pflegeleichte und robuste Pflanzen. Sie kommen mit wenig Wurzelraum aus. Umso mehr eignen sich Steingärten für die Kultur dieser nützlichen Zierpflanzen. Sie lassen sich ihrer Natur entsprechend selbst in den Fugen von einfachen Steinhaufen ansiedeln, solange sie ein wenig Erde finden. Genauso ist die Pflanzung in systematisch aufgebauten Steingärten möglich. Einen solche Steingarten stellt eine Kräuterschnecke dar.

Erde einfüllen

Pflanzsubstrat

Die meisten Kräuter brauchen kein besonderes Substrat. Allerdings lohnt es sich sehr lehmigen Gartenboden mit Sand (das kann gewöhnlicher Bausand sein) zu lockern. Kompost trägt ebenfalls zur Lockerung bei und fördert die Nährstoffversorgung. Bewährt hat sich ein Substrat aus Gartenerde, Sand und Kompost zu gleichen Teilen.

1. Schritt: Lage wählen und Fundament auskoffern

Sobald der Standort für den besonderen Steingarten gefunden und die Größe festgelegt ist, kann der Erdaushub beginnen. Guter Gartenhumus, der dabei anfällt, dient zum Mischen des Pflanzsubstrats. Er wird einstweilen neben der Baustelle gelagert und später – falls nötig – mit Sand gelockert und mit Kompost vermengt. Rasenstücke werden mit dem Spaten flach abgetragen und kompostiert. Für den Aufbau genügt ein flaches Fundament, in dem die unterste Steinlage fest aufliegt. Der Durchmesser richtet sich nach der gewünschten Größe der Kräuterschnecke.

2. Schritt: aufbauen und verfüllen

Jetzt kommt ein Stein nach dem anderen in das vorbereitete kreisrunde Bett und zwar so, dass ein spiralförmiger Aufbau Gestalt annimmt. Unbehauene Steine lassen sich durch das Unterfüllen mit Erde fest einbauen. Die Zwischenräume müssen ohnehin mit Erde ausgefüllt werden. Sobald eine Steinreihe halbkreisförmig im Boden sitzt, kann durch das Unterfüllen der

Anlage und Vorarbeiten

Steine auf Erde setzen

Kräuter pflanzen

nächsten Steine der Anstieg beginnen. Auf diese Weise kommt nach und nach die gewünschte Schneckenform zustande.

3. Schritt: Sumpfbecken einsetzen

Ein Becken für Kalmus kann nachträglich an der Basis geschaffen werden, sobald der Steinaufbau steht. Dazu wird eine Mulde ausgehoben und mit Teichfolie ausgekleidet. Als Sumpfstelle eignet sich auch eine Mörtelwanne, die in den Boden eingesenkt wird. Die Folien- oder Kübelränder lassen sich anschließend mit Steinen verdecken.

4. Schritt: Bepflanzung

Zum Bepflanzen eignen sich vorzugsweise Kräuter in Töpfen, die schon kräftige Wurzelballen haben. Sie wachsen zügig an und bilden bald dichte Bestände. Aber auch eigene Gartenkräuter sind durch Teilung vermehrbar.

Es gibt im Übrigen keine strengen Auswahl- und Pflanzregeln. Die Wurzelballen werden einfach in freie Fugen gedrückt. Sie müssen natürlich fest sitzen und mit Erde bedeckt sein. Während die trockenheitsresistenten Arten, wie Mauerpfeffer, Salbei oder Lavendel im oberen Bereich der Schnecke angesiedelt werden, bekommen Pfefferminze, Zitronenmelisse oder Beinwell besser einen Platz an der Basis, wo sie stets feuchte Erde vorfin-

Kräuter angießen

den. Es lohnt sich immer mehrere Exemplare einer Kräuter- Art in Gruppen zu pflanzen, damit sich dichte Bestände bilden.

Pflege

Der kleine Kräutergarten braucht keine besondere Pflege. Das Bewässern in Trockenzeiten hält die Pflanzen gesund und wüchsig. Ein Frostschutz mit luftigem Material (z. B. Fichtenreisig) verhindert bei Immergrünen wie Salbei und Lavendel Schäden.

Kräuterschnecke im Sommer nach der Bepflanzung

Anlage und Vorarbeiten

Kräuterstrecke statt Kräuterschnecke

Ein Steingarten für Kräuter lässt sich auch in Form einer geraden Trockenmauer anlegen. Besonders günstig liegt so eine „Kräuterstrecke" an einer südseitigen Böschung. Sie kann dann zugleich zur Abstützung oder Terrassierung dienen und jede Menge verschiedener Kräuterpflanzen aufnehmen.

Kiesbeet

Einzelne Gartenbereiche, wie der Vorgarten, sollen mehr noch als alle anderen Bereiche, jederzeit einen gepflegten Eindruck vermitteln. Ein Kiesbeet macht eine schöne und pflegeleichte Gestaltung kostengünstig und ohne besonderen Aufwand möglich.

Als nach der Eiszeit mit den Wassermassen der schmelzenden Gletscher Firn und Fels zu Tal stürzte, entstand der Kies. In vielen Regionen vor allem in Flussniederungen liegen heute große Bänke dieses wertvollen Naturbaustoffes unter der Erde, wo er von Baggern gefördert, von LKWs zu Mischanlagen transportiert und dann zu Beton verarbeitet wird. Kies ist aber nicht nur ein unentbehrliches Baumaterial, sondern auch ein schöner und nützlicher Rohstoff bei der Gartengestaltung. Insbesondere bietet sich dieses Gestein zur Anlage eines Kiesbeetes an, zumal sich die kleinen und großen Steine zu einem natürlichen Mosaik zusammenfügen lassen.

Tipp

Baumaterial für eine Kräuterschnecke finden Sie oft in der Umgebung oder im eigenen Garten. So sind große Feldsteine oder Steinbrocken, die an Feldrändern liegen oder im Garten bei Erdarbeiten anfallen, gut geeignet. Der Aufbau ist auch mit Ziegeln, Granitsteinen oder Pflastersteinen machbar.

Flusslandschaft im Kleinformat

Auch heute noch schieben die Gebirgsbäche Tonnen von Steinen zu Tal. Dabei werden sie rund geschliffen, bis sie schließlich irgendwo am Ufer liegen bleiben. Im Lauf der Zeit siedeln sich Weiden, Pappeln und krautige Uferpflanzen auf den Kiesbänken an und befestigen sie mit den Wurzeln. Derartige Uferlandschaften findet man oft in den

Kiesbeet im Vorgarten

Alpen, an Mittelgebirgsbächen und an reißenden Flüssen. Ein Ausschnitt davon lässt sich aber auch in den Garten übertragen.

Steingarten auf Teichvlies bauen

Steinerne „Mulchdecke“

Obwohl Kiesbänke besonders unwirtliche Lebensräume sind, da nur wenige Pflanzen und Tiere auf diesen kargen Plätzen überleben, können sie im Garten wertvolle Pflanzflächen für ausgewählte Gehölze, Stauden und Zwiebelpflanzen sein. Sie müssen aber richtig angelegt werden. Dabei darf der Kies nicht wie in der Natur meterdick aufgeschichtet werden, da sonst die Pflanzen verkümmern. Die Kiesschicht sollte den Boden besser nur dünn bedecken. Die dünne Auflage aus großen und kleinen Kieseln hindert die Stauden, Gräser und andere krautige Pflanzen nicht an der Entwicklung, dennoch schirmt sie den Boden ab und schützt ihn vor Verschlämmung durch Regengüsse sowie vor Austrocknung durch die Sonne. Die ausgewählten wärmeliebenden Pflanzen profitieren sogar noch von dieser steinernen Bodendecke, zumal die hellen Kiesel das Sonnenlicht reflektieren. Damit sich aber keine unerwünschten Pflanzen ansiedeln und ausbreiten, ist es nötig, das Kiesbeet zusätzlich mit einem Vlies zu bedecken. Dazu bietet sich am besten ein spezielles Unkrautschutzvlies an, das vor der Kiesschüttung auf dem Boden ausgebreitet wird. Unter dieser dichten Decke kommt dann kein Kraut mehr auf, sodass sich die gezielt eingesetzten Pflanzen konkurrenzlos ausbreiten können. Ein Kiesbeet ist deshalb eine ideale Anlage auf stark verunkrauteten Plätzen. Dieser besondere Steingarten-Typ empfiehlt sich aber auch andernorts als pflegeleichtes Gestaltungselement.

Leichte Pflege

Sie haben zwar zunächst bei der Anlage eines Kiesbeetes etwas mehr Mühe, als bei der Gestaltung eines herkömmlichen Gartenbeetes, doch der Aufwand für die zusätzlichen Steinarbeiten lohnt sich. Später brauchen Sie nämlich nur noch vereinzelt Unkraut auszuzupfen, welches sich zwischen den Steinen angesiedelt hat. Außerdem stehen natürlich die üblichen Pflegearbeiten, wie beispielsweise der Rosenschnitt (wenn Rosen gepflanzt wurden), das Ausputzen welker Pflanzenteile oder das Auslichten zu üppiger Sträucher an.

Anlage Schritt für Schritt

Die Gestaltung eines Kiesbeetes beginnt mit der Vorbereitung des Grundstücks. Dieses kann übrigens an jedem Ort im Garten liegen, wobei hier eine südliche Lage die besten Voraussetzungen für Steingartenpflanzen, Rosen, Kräuter und andere wärmebedürftige Pflanzen bietet. Ansonsten eignen sich alle möglichen Gehölze, Stauden und Zwiebelpflanzen zur Begrünung. Besondere Akzente können Sie mit säulenförmigen Gehölzen, Polsterstauden und Gräsern, sowie mit Zwiebel- Tuffs, aus jeweils fünf bis zehn Zwiebeln erzeugen, die von Jahr zu Jahr fülliger werden. Wenn Sie das Beet völlig neu gestalten wollen, ist eine tiefgründige Bodenlockerung zu empfehlen. Dann wird das schwarze Unkrautschutzvlies ausgebreitet. Falls nötig müssen Sie mehrere Stücke aneinanderfügen. Die Folienabdeckung ist auf jeden Fall ratsam, denn dadurch kann kein Wildwuchs aufkommen. Die Kieselabdeckung kann den Unkrautwuchs dagegen nicht verhindern. Vielmehr gibt sie dem Unkraut sogar Schutz, sodass sie nur mit Mühe zwischen den Kieseln zu beseitigen sind. Verwenden Sie besonders auf großen Flächen vorzugsweise ein spezielles Unkrautschutzvlies (dies ist in Gartencenter erhältlich) oder ein Teichvlies. Diese Acrylfasergewebe sind luft- und wasserdurchlässig und völlig verrottungsfest.

Großflächiges Kiesbeet

Dennoch bieten sie einen recht wirksamen Schutz. Teich- oder Gartenfolien eignen sich nicht so gut, zumal sie den Boden versiegeln. Normale Haushaltsfolien werden mit der Zeit brüchig und sollten deshalb ebenso wenig zum Einsatz kommen.

Sobald das Beet mit Vlies bedeckt ist, können Sie die Pflanzen im richtigen Abstand auslegen. Schneiden Sie das Vlies dann jeweils an der Pflanzstelle kreuzweise ein. Durch die Schlitze lassen sich nun die Pflanzlöcher ausheben und die Pflanzen einsetzen. Sollte das Grundstück, das Sie in ein Kiesbeet umgestalten wollen, schon bepflanzt sein, genügt es, den Boden zwischen den Pflanzen zu lockern und grobes Unkraut zu jäten. Eventuell sind zudem kleinere Umpflanzungen nötig. Danach wird der Boden auch hier mit dem Vlies bedeckt. Schließlich kann die Verteilung der Kiesel erfolgen. Besonders abwechslungsreich lässt sich das Beet mit unterschiedlich großen Kieseln gestalten. Aber auch Splitt oder Schotter eignen sich statt Kies als Material zur Gestaltung.

Tipp

Ein Kiesbeet passt besonders gut an einen Gartenteich, zumal die Teichfolie an den Ufern ohnehin mit Kies bedeckt wird. Hier ist dann kein Unkrautschutzvlies mehr nötig, wenn die Teichfolie großzügig bemessen wird und am Ufer entsprechend weit überragt.

Pflegearbeiten

Pflegearbeiten

Pflegeleichter Steingarten

Außer der Bewässerung nach dem Pflanzen und dem gelegentlichen Jäten braucht ein Steingarten keine besondere Pflege. Falls nötig sind allzu wüchsige Pflanzen zu reduzieren, wenn sie schwächere Arten bedrängen. Selbstverständlich sind auch Nachpflanzungen möglich, so etwa, wenn einige Arten schlecht wachsen oder wenn neue Arten dazu kommen sollen.

Die Steingartenpflege richtet sich nach der Art der Anlage. Eine Trockenmauer mit genügsamen Polsterstauden oder ein Schotterbeet mit Wildpflanzen braucht weniger Pflege als ein typisches Alpinum mit ausgewählten Gewächsen oder ein Steingarten mit Küchenkräutern. Die Pflege beginnt im Frühjahr gleichermaßen mit dem Entfernen des Frostschutzes und dem Beseitigen der Frostschäden, etwa durch

Kräuter nachpflanzen

den Rückschnitt von Rosen und dürren Stängeln bei Blütenstauden. Nach dem Winter bietet sich ebenfalls eine gute Gelegenheit zur Überprüfung des Pflanzenbestandes und für Umpflanzungen, Ergänzungen und Erneuerungen im Steingarten. Im Zuge der Renovierung ist der Schnitt der Rosen und Ziergehölze an der Reihe. Er muss rechtzeitig vor dem Austrieb erfolgen. Nur bei Frühblühern, wie bei Forsythien und Zierjohannisbeeren erfolgt der Schnitt erst nach der Blüte. Einem Schnitt im Winter würden auch Blütentriebe zum Opfer fallen. Schonung brauchen ebenso die früh blühenden Zwiebelblumen, wie Netziris (Iris reticulata), Schneeglöckchen (Galanthus nivalis) oder Winterlinge (Eranthis hyemalis). Sie sollten nach der Blüte in Ruhe einziehen, damit sie Kräfte sammeln können. Durch den Rückschnitt der welken Blütenstände und Blätter gehen wertvolle Nährstoffe verloren. Solche Wildzwiebeln breiten sich zunehmend aus und bilden dichte Bestände, die besonders in Steingärten freundlich wirken. Dazu gehören weiterhin Wildtulpen, Krokusse, Traubenhyazinthen und viele andere Arten.

Baum neben einer Trockenmauer pflanzen

Zwiebeln auf Trockenmauer setzen

Tipp

Zwiebeln pflanzen zum Verwildern

Die Pflanzzeit für früh blühende Wildzwiebeln beginnt im September und dauert den Herbst hindurch bis zum Dezember an, solange der Boden nicht gefroren ist. Eine intensive Farbwirkung kommt zustande, wenn jeweils mehrere Zwiebeln einer Art oder Sorte in Gruppen gepflanzt werden.

Bewässerung in Trockenzeiten

Hauswurzen, Mauerpfeffer und andere typische Steingartenpflanzen zeichnen sich durch eine besondere Trockenheitsresistenz aus.

Sie können in der Natur wochenlang ohne Regen auskommen, zumal ihre fleischigen Blätter Wasser speichern können. Im Garten gedeihen allerdings neben diesen Sukkulenten auch andere Arten zwischen den Steinen.

So sind gewöhnliche Blüterstauden oder auch Sommerblumen wie Tagetes, Gazanien oder Ringelblumen, die im Frühjahr zwischen den ausdauernden Stauden zum Einsatz kommen, auf regelmäßige Wassergaben angewiesen.

Besonders, wenn die Pflanzen in durchlässigem, mineralischem Substrat sitzen, darf bei anhaltender Trockenheit das Gießen nicht vergessen werden. Selbst den alpinen Arten kommt im Sommer eine Bewässerung per Regner oder Gießkanne zugute, vor allem, wenn sie im Regenschatten unter Felsvorsprüngen sitzen.

Gezielte Wasserversorgung je nach Bedarf

Ein Gießstab erleichtert die Bewässerung

Störende Wildpflanzen entfernen

Das Jäten gehört neben der Bewässerung den Sommer hindurch zu den Hauptaufgaben der Steingartenpflege. Vor allem sind sehr vitale Gewächse zu beseitigen, die sich durch Samen in den Mauerritzen angesiedelt haben. So treibt der Wind oft flockige Weidensamen in den Garten. Wenn sie keimen können, bringen diese Wildgehölze bald kräftige Büsche hervor, die dann nur noch mit Mühe zu entfernen sind. So

Pflegearbeiten

Zum Einpflanzen erhält das Vlies einen Kreuzschnitt

Vliesdecke aufklappen

ist beim Rundgang durch den Garten auch im Steingarten auf unerwünschte Sämlinge zu achten, die, falls brauchbar, rechtzeitig ausgegraben und umgesiedelt werden. Unbrauchbare Gehölze und Wildstauden, wie Löwenzahn, Ampfer und Vogelmiere landen auf dem Komposthaufen.

Tipp

Unkrautschutzvlies

In großflächigen Anlagen, etwa im Kiesbeet oder in Schotterflächen, erleichtert das Auslegen von Unkrautschutzvlies die Pflege. Dieses wasser- und luftdurchlässige Acrylfasergewebe wird bereits bei der Anlage auf dem Boden ausgebreitet. Dann erst kommt das Verteilen von Kieseln oder der Ausbau mit Steinen an die Reihe. Das Vlies verhindert die Keimung von Pflanzensamen, die im Boden ruhen und auf ihre Chance warten. Es hindert ebenso Samenunkraut und Gehölze, die vom Wind in das Beet geweht werden, an der Entwicklung. Die ausgewählten Steingartenpflanzen lassen sich in den Boden einsetzen, in dem das Vlies an den Pflanzstellen kreuzweise eingeschnitten wird.

Erde ausheben und Boden lockern

Efeu einsetzen und mit Vlies abdecken

Flächige Verteilung des Splitts

Das fertige Beet

Pflegearbeiten

Gehölze schneiden

Von Natur aus müssen alle Bäume und Sträucher in den Bergen ohne Schnitt zurecht kommen. Dennoch können kleine Eingriffe insbesondere bei Schweizer Weiden, Bergkiefern, Salbeibüschen und anderen Gehölzen im Steingarten zur Gesunderhaltung und Formgebung beitragen.
Die meisten Fehler beim Schnitt der Bäume und Sträucher im Garten werden durch willkürliches Abschneiden irgendwelcher Zweige gemacht. Bevor Sie also zur Schere greifen und Ihren Laub- oder Nadelgehölzen ans Geäst gehen, sollten Sie prüfen, ob der Schnitt nötig ist und welche Zweige wirklich stören. Andernfalls schadet der Eingriff mehr als er hilft. Zudem ist es ratsam, die Wirkung des Schnitts im Auge zu behalten. So hat das Abschneiden eines Zweiges immer einen Austrieb zur Folge. Der Schnitt regt speziell die Knospen zum Austreiben an, die unterhalb der Schnittstelle am Zweig sitzen. Durch einen gezielten Schnitt „auf Augen“ (jeweils knapp an einer bestimmten Knospe), lässt sich der Austrieb fördern. Auf diese Weise ist es beispielsweise möglich, einen wenig verzweigten Blütenstrauch zu buschigerem Wuchs anzuregen. Dazu werden nur die wenigen langen Triebe eingekürzt. Sie bringen dann im folgenden Sommer Seitentriebe hervor. Normalerweise ist ein solcher Rückschnitt nur bei Jungpflanzen nötig oder bei alten Büschen, die in Bodennähe kahl geworden sind. Bei natürlich entwickelten Exemplaren ist der Rückschnitt einzelner Zweige unnötig oder sogar schädlich. Sie wachsen ohnehin recht buschig und bilden nach dem Rückschnitt dichte „Besen“, die kein Licht mehr in das Strauchwerk eindringen lassen. Dadurch verkahlen sie in Bodennähe. Vielmehr ist bei älteren Gehölzen, die zu üppig verzweigt sind und sehr dichte Büsche oder Kronen entwickelt haben, ein Auslichtungsschnitt zur Gesunderhaltung förderlich. Dazu genügt es, einige offensichtlich zu eng stehende Zweige oder solche die andere richtig platzierte

Sträucher verjüngen sich nach dem Auslichten wieder

Zweige behindern, direkt an der Austriebstelle zu entfernen. Auf diese Art bleiben Blütensträucher, wie Forsythien, Spiräen oder Felsenbirnen vital und verjüngungsfähig, zumal ein maßvoller Auslichtungsschnitt auch zum Austrieb neuer Zweige anregt.

Gehölzschnitt praktisch

Beginnen sollten die Schneidarbeiten bereits bei Jungpflanzen. In den ersten Jahren nach der Pflanzung lassen sich Gehölze noch leicht korrigieren, solange die Triebe noch jung und elastisch sind. Unter anderem empfiehlt es sich, krumme Gipfel zu stäben (z. B. bei Zirbelkiefern), störende Triebe zu entfernen und Wildtriebe aus der Veredelungs-Unterlage zu beseitigen (z. B. bei Zierapfel, Hamamelis oder Strauchrosen). Später brauchen sie kaum noch geschnitten zu werden. Allenfalls sind dürres und krankes Holz zu entfernen, zu dichte Kronen oder Büsche auszulichten und falls nötig einzelne störende Äste zu beseitigen. Nur Edelrosen, die in den Steingarten aufgenommen wurden, brauchen den regelmäßigen Rückschnitt jedes Jahr im Spätwinter. Dazu ist es nötig alle Triebe auf kurze Stummel mit wenigen Knospen einzukürzen. Der Rückschnitt fördert die Verzweigung und regt zur Bildung kräftiger Triebe an, die bereits im folgenden Sommer blühen.

Edelrosen kräftig einkürzen

Passende Pflanzen wählen

Schon mit der Pflanzenauswahl wird die Wuchsform (Habitus) bestimmt, je nachdem, ob man einen Hochstamm, einen Halbstamm, einen Busch, einen Heister, ein mehrstämmiges Gehölz oder einen Strauch wählt. Von Anfang an richtet sich der Schnitt nach dem Gehölztyp. Bei allen Typen – vom Hochstamm bis zum Strauch – hilft der Schnitt dabei, eine typische Form zu entfalten, je nach Art beispielsweise eine flach-kugelige Krone, eine ovale oder eine säulenförmige. Der Schnitt der Laub- und Nadelgehölze kommt stets dem natürlichen Wuchs nahe und fördert ihn.

Tipp

Pflanzschnitt erleichtert das Anwachsen

Gehölze ohne Wurzelballen brauchen zunächst einen Pflanzschnitt, wobei die Triebe etwa um 1/3 eingekürzt werden. Bei Gehölzen mit Ballen ist kein Pflanzschnitt nötig.

Pflegearbeiten

Bodendeckerrosen auslichten

Zeit zum Schneiden

Im Spätwinter oder zeitigen Frühjahr ist die beste Zeit zum Schneiden aller Laubgehölze, zumal sie noch in der Saftruhe sind und die Schnittwunden nicht bluten. Nur bei den Frühjahrsblühern, wie etwa bei der Forsythie, ist es günstiger erst nach der Blüte auszulichten, weil sonst mit dem Schnittmaterial auch Blütenknospen verloren gehen. Nadelgehölze, wie Bergkiefern, die möglichst wenig geschnitten werden, verkraften etwa das Abtrennen eines störenden Astes ebenfalls im Spätwinter.

Stauden teilen

Durch diese einfache Vermehrungstechnik können Sie aus einem kleinen Bestand an Primeln, Margeriten, Astern und anderen attraktiven Frühjahrs-, Sommer-, Herbst- und sogar Winterblühern (z. B. aus Christrosenstöcken) viele dauerhafte Blütenhorste gewinnen.

Mit Staudenteilstücken kommt Leben in Steingärten und Trockenmauern.

Welche Stauden sind teilbar?

Das Angebot lässt keine Wünsche offen. Teilbare Stauden gibt es in vielen Formen und Blütenfarben. Als „Gartenneuling" sollten Sie sich zunächst ein kleines Sortiment anschaffen. Stauden gibt es in vielen Arten als Topfpflanzen in Gartenmärkten.

Das erworbene Sortiment wird zu Hause an geeigneter Stelle ausgelegt, ausgetopft und in lockere Gartenerde gepflanzt.

Die Jungstauden wachsen bald zu kräftigen, teilbaren Horsten heran. Gut entwickelte Bestände können Sie noch im selben Jahr teilen, zumal verfilzte Stöcke nach der Teilung wieder besser blühen.

Teilung Schritt für Schritt

Die ausgewählten Stöcke nehmen Sie am besten mit der Grabgabel oder mit dem Spaten aus der Erde. Lösen Sie die Pflanzen, indem die Gabel oder der Spaten von vier Seiten in die Erde gestochen und dann mit einem Ruck nach unten gedrückt wird. Die flach wurzelnden Staudenhorste lassen sich so leicht aus der Pflanzgrube lupfen und dann in Teilstücke zerlegen.

Teilung mit Spaten oder Grabgabel

Nun können zwei verschiedene Techniken angewandt werden. Verfilzte Horste oder Pflanzen in lehmigem Boden teilt man mit dem Spaten. Der Wurzelstock wird mit einem Hieb in der Mitte durchstoßen, die zwei Teilstücke durchtrennt man nochmals mittig. Die vier „Jungpflanzen" können am neuen Standort gepflanzt werden, nachdem lose Wurzeln und welkes Laub beseitigt sind.

Teilung per Hand

Pflanzen mit fleischigen Wurzeln (z. B. Pfingstrosen) und Stauden auf lockerem Boden sollte man mit der Hand zerlegen. Die Stöcke werden ausgegraben, ausgeschüttelt und mit sanfter Gewalt auseinandergerissen. Aus bewurzelten Teilstücken wachsen wieder blühfähige Stauden.

Tipp

Teilen Sie jährlich nur einen kleinen Bestand ihrer Gartenstauden; die Jungpflanzen brauchen einige Zeit bis zur Blüte. Der Hauptbestand sollte erhalten bleiben, um die Blütenfülle nicht zu mindern.

Primel mit der Grabgabel ausstechen

Teilung von Hand

Pflegearbeiten

Pflanzung

Mittlerweile wurde die Pflanzfläche vorbereitet. Die Erde muss locker sein, dann wurzeln die Staudenstücke zügig ein. Richten Sie sich beim Pflanzabstand nach der Endgröße. Vom Rittersporn, Geißbart oder Staudenphlox setzt man drei bis vier Pflanzen pro m^2. Primeln, Astilben, Christrosen u.a. halbhohe oder niedrige Stauden brauchen weniger Fläche. Zehn Pflanzen pro m^2 verwachsen bald zum dichten Polster. Achten Sie auf den Standort! Schattenstauden (Waldsteinia, Geißbart u. a.) gedeihen auch an absonnigen Stellen (z. B. bei vorhandenen alten Bäumen neben dem Steingarten), Sonnenstauden (Sonnenhut, Staudensonnenblumen u. a.) bevorzugen lichte Plätze. Hohe Horste setzt man in den Hintergrund (z. B. neben den Steingarten), halbhohe Stauden platziert man im Mittelteil und niedrige Pflanzen kommen schließlich nach vorne. Schon während der kommenden Saison wurzeln die Jungpflanzen zügig ein, wobei die Wassergabe die Wurzelbildung fördert. Im Jahr nach der Teilung werden die Jungpflanzen nur vereinzelt blühen; doch schon im nächsten Jahr ist eine Vollblüte zu erwarten.

Hauswurzen durch Ausläufer vermehren

Die richtige Zeit zum Teilen

Stauden und Gräser könnte man während des ganzen Jahres teilen, es hat sich aber bewährt Grundregeln einzuhalten. So teilt man weder zur Blütezeit, noch während der Hauptwachstumszeit und nicht an heißen oder frostigen Tagen. Vorzugsweise ist die Zeit für diese ungeschlechtliche Vermehrungs-Methode im Frühjahr oder im Herbst. Im Frühjahr sollte rechtzeitig zur Grabgabel gegriffen werden. Etwa ab März sind die extrem kalten Wintertage vorbei, der Boden ist offen und durch Teilung erzeugte Jungpflanzen können gefahrlos einwurzeln. Hinzu kommt, dass fast alle Stauden zu dieser Zeit noch nicht ausgetrieben haben und die Nährstoffe in den Wurzelstücken gespeichert sind. Die Jungpflanzen setzen ihre Kraft zur Wurzelbildung am neuen Standort ein. Ausnahmen sind Frühjahrsblüher, die ihren Flor jetzt tragen; Primeln, Lungenkraut und andere sehr zeitig blühende Stauden sollte man erst nach der Blüte teilen, damit die Blütenfülle in diesem Jahr nicht verloren geht. Bis zum nächsten Jahr sind aus den Teilstücken wieder blühfähige Jungpflanzen erwachsen. Auch im Herbst kann man Stauden teilen. Die Pflanzen haben dann die Nährstoffe bereits wieder in die Wurzelstücke eingezogen. Geteilte Stauden wurzeln noch vor dem Winter. Zu spätes Teilen hat jedoch Frostschäden zur Folge.

Steingarten einwintern

In den Bergen ruhen die Stauden im Winter geschützt unter einer Schneedecke. Im Flachland sind empfindliche Arten auf einen künstlichen Frostschutz etwa durch Fichtenreisig oder Laub angewiesen. Das Abdecken mit Zweigen bietet zudem einen Sonnenschutz und verhindert das vorzeitige Austreiben. Das gilt sowohl für Rosen, als auch für immergrünen Salbei, Lavendel und andere Kräuter sowie für Stauden. Frostgefährdete Gräser schützen sich selbst, wenn die trockenen Büschel zusammengebunden werden. Die Schöpfe verhindern das Eindringen von Wasser und halten die Horste trocken. Bei Zwiebelblumen ist der wirksamste Frostschutz die Einhaltung der richtigen Pflanztiefe. Frostempfindliche Arten wie Dahlien, Gladiolen und dergleichen müssen natürlich ausgegraben und frostfrei überwintert werden. Jungpflanzen in Töpfen sind gut in einem Frühbeetkasten aufgehoben. Junge Sämlinge von Kräutern, Gehölzen und Stauden, sowie Stecklingspflanzen werden dazu in den Boden eingesenkt und bei Bedarf mit Fensterscheiben, Strohmatten oder ähnlichem Material zugedeckt.

Durch Teilung vermehrbare Stauden

Art	bot. Name	Blütezeit
Bergenie	Bergenia	V
Brennende Liebe	Lychnis	VI - VII
Christrose	Helleborus	XII - III
Geißbart	Aruncus	VI - VII
Goldfelberich	Lysimachia	VI - VIII
Herbstaster	Aster	IX - X
Küchenschelle	Pulsatilla	IV - V
Lupine	Lupinus	V - IX
Margerite	Chrysanthemum	VI - VII
Pfingstrose	Paeonia	V - VI
Primel	Primula	III - IV
Rittersporn	Delphinium	VI - VII
Schwertlilie	Iris	V - VI
Sonnenauge	Heliopsis	VI - IX
Sonnenhut	Rudbeckia	VII - X
Staudenphlox	Phlox	VI - X

Pflegearbeiten

Kahlfrost vermeiden

Beim Gefrieren wird der Erde Wasser entzogen. Kahlfrost ist deshalb für flach wurzelnde Pflanzen schädlich. Frische Saatbeete und dergleichen sollten deshalb mit Reisig oder ähnlichem Material bedeckt werden, damit der Frost nicht ungehindert in den Boden eindringen und die feinen Wurzeln beschädigen kann. Der beste Schutz wäre natürlich eine geschlossene Schneedecke, mit der leider nicht immer zu rechnen ist. Besonders gefährdet sind immergrüne Arten, die auch im Winter assimilieren. Sie müssen im Winter feucht gehalten werden, wenn die natürlichen Niederschläge ausbleiben oder wenn sie im Regenschatten etwa unter einem Felsvorsprung stehen. Ebenso ist Staunässe zu vermeiden. Bei Dauerregen oder nach der Schneeschmelze muss das Wasser abziehen können. Deshalb ist bereits bei der Anlage eines Steingartens oder bei der Pflanzung für eine gute Drainage zu sorgen.

Bambus in Vlies einpacken

Frostschutz mit Nadelzweigen

Pflanzenkunde von A–Z

Almenrausch oder Alpenrose

(Rhododendron ferrugineum)

Wie das Edelweiß gehört der Almenrausch zu den bekanntesten Alpenpflanzen. Allerdings lässt sich dieses Gehölz aus der Familie der Moorbeetpflanzen (Ericaceae) nur auf speziellem Substrat ansiedeln. Es täuscht, wenn ausgebreitete Büsche dieser heimischen Rhododendren vermeintlich in den Kalkalpen zurecht kommen. Sie sitzen hier nicht direkt auf dem Fels, zumal sie keinen Kalk vertragen, sondern breiten ihr Wurzelwerk in einer dünnen Schicht aus saurem Rohhumus aus. Im eigenen Steingarten brauchen sie ein spezielles Moorbeetsubstrat, das als Rhododendron-Erde in Gartenmärkten zu bekommen ist. Dort gibt es neben den heimischen Alpenrosen auch etliche Züchtungen oder Wildformen aus Asien.

Almenrausch oder Alpenrose

Standort

Alle Rhododendren und zwar auch die kleinen Wildarten für den Steingarten brauchen saures Substrat; zudem ist ein schattiger oder halbschattiger Platz zu bevorzugen.

Pflege

Neben Wassergaben in Trockenzeiten sollten die Moorbeetpflanzen gelegentlich frisches Moorbeetsubstrat bekommen, das im Wurzelbereich verteilt wird.

Bergkiefer

Bergkiefer

(Pinus-Arten)

Neben Stauden und Laubgehölzen haben auch Koniferen einen Wert als Steingartenpflanzen. Insbesondere sind es Kiefern, die in den Bergen bis in die höchsten Regionen klettern. Dort macht ihnen der karge Boden und der ständige Schneedruck im Winter zu schaffen. Im Hausgarten haben es die büscheligen Nadelgehölze leichter. Hier bilden sie je nach Art kräftige aufrecht wachsende Bäume (z. B. die Zirbelkiefer, P. cembra) oder breite Büsche (z. B. die Latschen, Pinus mugo). Für den Garten eignen sich bevorzugt die kompakten Züchtungen (z. B. pinus muga "Pumilio"), zumal sich die Wildformen zu stark ausbreiten und andere Steingartenpflanzen bedrängen.

Standort
Bergkiefern kommen auf jedem möglichst tiefgründigen Gartenboden zurecht; sie treiben ihre typischen Pfahlwurzeln auch im Steingarten zwischen den Fugen in die Tiefe.

Pflege
Die robusten Gehölze brauchen keine besondere Pflege. Störende Triebe lassen sich vorzugsweise im Spätwinter entfernen; durch das Auskneifen der Triebspitzen im Frühjahr bilden sich nur kurze Jahrestriebe.

Blaukissen
(Aubrieta)

Die meist begrenzten Pflanzflächen in heimischen Steingärten machen nur den Einsatz weniger ausgewählter Stauden und Gehölze möglich. In die engere Wahl sollten Blaukissen aufgenommen werden, die üppige Polster bilden. Auch wenn die Blütezeit nur wenige Tage im Frühjahr andauert, sind diese genügsamen Kreuzblütler in dieser Zeit eine wahre Pracht. Zusammen mit dem gelben Steinkraut und dem pinkfarbenen Polsterphlox erzeugen sie eine Farbwirkung die besonders nach dem Winter erfreut. Wie bei anderen Polsterstauden ist es empfehlenswert, stets mehrere Exemplare einer Sorte in Gruppen zu pflanzen, um die Wirkung zu verstärken.

Standort
Die kleinen Polster gedeihen am besten in südseitig ausgerichteten Trockenmauern oder auf sonnigen Steingärten.

Pflege
Außer dem Ausputzen von welken Pflanzenteilen brauchen Blaukissen keine besondere Pflege.

Blaukissen

Edelweiß

Edelweiß

(Leontopodium alpinum)

Im Sortiment der Steingarten-Pflanzen, darf natürlich das Edelweiß nicht fehlen. Dieser typische Gebirgsbewohner, der in freier Natur auf wenige Standorte in den Alpen beschränkt und dort durch das Abpflücken vom Aussterben bedroht ist, lässt sich recht einfach im eigenen Garten ansiedeln. Selbstverständlich stammen die Jungpflanzen nicht aus der Natur, sondern aus der Staudengärtnerei. Im Sommer sind bereits blühende Pflanzen in Töpfen zu bekommen. Die kräftigen Wurzelballen erleichtern ihnen das Anwachsen auf vorbereitetem Boden.

Standort

Die Pflanzung erfolgt an gut sichtbaren Stellen im Steingarten, damit die schönen Blüten gut zur Wirkung kommen.

Pflege

Nach der Pflanzung ist die Wasserversorgung nicht zu vernachlässigen, insbesondere im Regenschatten etwa unter Felsvorsprüngen. Im Winter bekommt den Gebirgsbewohnern ein Schutz aus Reisig gut, besonders, wenn sie keinen natürlichen Schutz unter einer Schneedecke haben.

Enzian

(Gentiana)

Wer beim Genuss von Enzianschnaps an die blauen Glockenblüten denkt, täuscht sich. Die Spirituosen werden aus den Wurzeln des Gelben Enzian (G. lutea) gebrannt. Diese kräftige Alpenstaude kommt in den Bergen vorwiegend auf moorigen Böden vor, zumal sie keinen Kalk verträgt. Im Garten lässt sie sich auf Dauer nur auf sauren Böden ansiedeln, die mit Moorbeet-Substrat verbessert wurden. Dagegen kommen kalkverträgliche Arten, wie der Frühlingsenzian (G. verna), auch in Trockenmauern oder Steingärten aus Kalkbruchsteinen zurecht. Bei der Auswahl dieser schönen blauen (bzw. gelben) Steingartenpflanzen sind die Bedürfnisse der jeweiligen Arten zu beachten.

Enzian

Standort

Die Bodenvorbereitung richtet sich nach den ausgewählten Enzian-Arten oder man wählt geeignete Arten für den im Garten vorhandenen Boden.

Pflege

Ein Winterschutz mit luftigem Material (Laub und Fichtenreisig) bewahrt die Stauden vor Kälteschäden.

Gelber Enzian

Felsenbirne

(Amelanchier ovalis)

Mit Birnen hat dieser kleine Strauch aus den Südalpen wenig gemeinsam – außer der Zugehörigkeit zu den Rosengewächsen (Rosaceae). Obwohl sich aus den rahmweißen Blüten essbare Früchte entwickeln, unterscheidet sich dieses Gehölz durch den Wuchs von den bekannten Obstbäumen. Am Naturstandort bildet die Amelanchier ein kleines Strauchwerk mit ovalen Blättern, die sich im Herbst mit einer leuchtenden Farbe verabschieden. Für Steingärten eignet sich die heimische Art besser als die nordamerikanische (A. canadensis), die einen 3–5 m hohen kräftigen Strauch bildet.

Standort

Etwa am Gardasee siedeln sich Felsenbirnen in Spalten zwischen kahlen Kalkfelsen an. Auch im Garten sollten die kleinen Büsche einen freien Platz bekommen.

Pflege

Die lockeren Sträucher brauchen keinen Schnitt. Falls nötig lassen sich störende Äste im Frühjahr nach der Blüte entfernen.

Felsenbirne

Glockenblume

(Campanula-Arten)

Auf der Suche nach kleinen Polsterstauden, die sich in den Steinfugen ausbreiten, ohne den Steingarten zu überwuchern, fällt die Wahl auf Glockenblumen und zwar die typischen polsterbildenden Arten. Dazu zählen Zwergglockenblumen (C. pusilla), Dalmatiner Glockenblumen (C. portenschlagiana) und Hängepolsterglocken (C. poscharskyana). Die zarten Pflänzchen können bei günstigen Wachstumsbedingungen ausgebreitete Teppiche bilden, die jedes Jahr zuverlässig blühen.

Standort

Glockenblumen für den Steingarten brauchen durchlässigen Boden, der staunässefrei ist. Die polsterbildenden Arten gedeihen auf sonnigen bis halbschattigen Plätzen.

Pflege

Wie die meisten anderen Polsterstauden sollten Glockenblumen möglichst ungestört wachsen; der Rückschnitt von störenden Zweigen an benachbarten Pflanzen schafft Luft für die weitere Ausbreitung.

Glockenblume

Hauswurz
(Sempervivum)

Sempervivum heißt „immerlebend“ (vom Lateinischen semper = immer und vivere = leben). Das trifft für die vielen Hauswurz-Arten durchaus zu. Diese vitalen Polsterstauden bilden kräftige Rosetten, die jedes Wetter vertragen. Im Sommer nehmen sie Hitze und Trockenheit ohne Schaden hin, im Winter kann ihnen strenger Frost nichts anhaben. Die wasserspeichernden Pflanzen lassen sich in Steinfugen oder auch in Pflanzgefäßen ansiedeln. Zu ihrer Verbreitung tragen die zahlreichen Ausläufer bei, die sich an den Mutterpflanzen bilden. Alte Exemplare bringen im Sommer ihre ungewöhnlichen Blütenstände hervor.

Standort
Hauswurzen waren früher oft auf Ziegeldächern von Bauernhäusern zu finden. Den außergewöhnlichen Pflanzen wurde eine Abwehrwirkung gegen Blitzschlag nachgesagt („Donnerwurz“, „Dachwurz“). Die Sukkulenten kommen mit kargen Bedingungen zurecht und eignen sich auch zur extensiven Dachbegrünung und für Schalen.

Pflege
Wenn sie ungestört wachsen dürfen, bilden Hauswurzen eine Fülle an „Kindeln“, die sich zunehmend ausbreiten.
Die fleischigen Blätter enthalten ein Frostschutzmittel, das sie vor Kälteschäden bewahrt. Ein Winterschutz ist deshalb nicht nötig.

Hauswurz

Katzenminze
(Nepeta faassenii)

Katzen haben diese duftende Staude tatsächlich gern. Jungpflanzen sollten deshalb zum Schutz vor der Hauskatze abgeschirmt werden, bis sie nach dem Anwachsen buschige Exemplare bilden. Bemerkenswert ist die Fülle an blauen Blüten, die den ganzen Sommer hindurch anhält.
Die Katzenminze lässt sich gut mit Rosen oder anderen Kräutern kombinieren, zumal sie ausgebreitete Büsche bildet. Sie passt aber auch auf Trockenmauern, wo sie überhängend wächst.

Katzenminze

Standort

Die vitalen Stauden brauchen einen freien Platz, wo sie sich ungehindert ausbreiten können, ohne andere Steingartenpflanzen zu behindern. Sie wachsen auf jedem guten Gartenboden.

Pflege

Ein Rückschnitt im Frühjahr direkt über dem Boden hat einen kräftigen Neuaustrieb zur Folge. Im Sommer sollten die welken Blütenstände nicht zu früh entfernt werden, zumal sich ständig neue Blüten entfalten.

Küchenschelle

(Pulsatilla vulgaris)

Diese heimische „Glockenblume“ läutet im Oberpfälzer Jura oder in der Fränkischen Schweiz das Frühjahr ein. Küchenschellen gehören allerdings nicht zu den Glockenblumen, sondern zu den Hahnenfußgewächsen (Ranunculaceae). Am Naturstandort sind die blauen Frühblüher geschützt. Wer Pflanzen ausgräbt, macht sich strafbar und schadet dem Bestand. Das gilt übrigens auch für andere geschützte Steingartengewächse. Jungpflanzen aus der Gärtnerei wachsen ohnehin leichter an, zumal sie in Töpfen bereits gut bewurzelte Ballen gebildet haben. Die seltenen Stauden lassen sich recht erfolgreich im Garten ansiedeln.

Standort

In der Natur siedeln sich Küchenschellen auf kargen Kalksteinböden an; die selben Wachstumsbedingungen sollten sie auch im Garten vorfinden.

Pflege

Das Entfernen störender Wildpflanzen, die sich oft in den Steingartenfugen ansiedeln, sind zu entfernen; nach der Blüte erhalten die Stauden keinen Rückschnitt, zumal auch die Samenstände dekorativ wirken und zur Vermehrung beitragen.

Küchenschelle

Lavendel

(Lavandula angustifolia)

Die verschiedenen Lavendel-Arten kommen am Mittelmeer wild wachsend vor. Mittlerweile haben sich die recht robusten Halbsträucher in anderen Regionen der Erde etabliert und zwar auch nördlich der Alpen.
Durch Züchtung sind Sorten entstanden, die selbst strenge Winter unbeschadet hinnehmen. Die Pflanzen bilden holzige Büsche, die mit den Jahren zunehmend üppiger werden. Das Strauchwerk nimmt zwar einen Rückschnitt hin, dennoch sollte es sich ungehindert entwickeln können. Das Einkürzen der jungen, krautigen Triebe schadet dagegen nicht, sondern fördert einen buschigen Wuchs. Im Winter tut den immergrünen Trieben ein Sonnenschutz etwa mit Fichtenreisig gut. Die duftenden Blüten entwickeln sich nach dem Austrieb an jungen Trieben und öffnen sich im Sommer.

Standort

Wie der Salbei sollte der Lavendel einen geschützten Platz erhalten. Beide Kräuterpflanzen gedeihen am besten in sonniger Lage.

Pflege

Neben dem Frostschutz mit Fichtenreisig, das auch die Wechselwirkung durch Nachtfrost und Wintersonne lindert, lässt sich der Lavendel durch einen maßvollen Rückschnitt kompakt und buschig gestalten.

Lavendel

Mauerpfeffer

(Sedum-Arten)

In der Natur siedeln sich die kleinen dickblättrigen Stauden in Mauerritzen oder verlassenen Steinbrüchen an. Wenn sie ungestört wachsen dürfen, breiten sich besonders die heimischen Arten, wie der Weiße Mauerpfeffer (S. album) oder der Scharfe Mauerpfeffer (S. acre) mit den Jahren flächig aus. Sie kommen mit den natürlichen Niederschlägen aus und brauchen keine Pflege. Ebenso genügsam sind Fetthennen (S. telephium), die ihre Blüten erst im Spätsommer entfalten sowie die Tripmadam (S. reflexum), die als Küchenkraut kultiviert wird.

Standort

Die wüchsigen Sukkulenten eignen sich vorzüglich zum Verwildern in Kiesbeeten, Schotterflächen oder auf Dachgärten.

Pflege

Sobald die Jungpflanzen angewachsen sind, brauchen sie keine Pflege mehr; die hohen Fetthennen (Sedum telephium) erhalten im Frühjahr einen Rückschnitt.

Mauerpfeffer

Rosen

(Rosa-Arten)

In den Alpen gibt es einige Wildrosen, die das raue Klima verkraften. Die Alpenrosen (R. pendulina oder R. alpina) brauchen allerdings in Steingärten genügend Raum zur Entwicklung ihrer langen, überhängenden Triebe.
In kleinen Gesteinsformationen oder in Trockenmauern sind Rosen-Züchtungen sinnvoller. Bewährt haben sich vor allem so genannte Bodendeckerrosen, wie die Sorte „The Fairy". Speziell diese Sorte zeichnet sich durch eine lang anhaltende Blütezeit aus, die vom Frühsommer bis zum Spätherbst andauert. Sie ist außerdem recht genügsam und frosthart, sodass eine aufwändige Pflege erspart bleibt.

Standort

Rosen bleiben auf Dauer nur auf vollsonnigen, luftigen Plätzen gesund und wüchsig. Sie brauchen einen tiefgründigen, nährstoffreichen Boden.

Pflege

Bei Wildrosen genügt es, zur Anregung neuer Triebe, jeweils im Winter einige alte Zweige direkt am Boden zu entfernen. Veredelte Sorten sowie Bodendeckerrosen verjüngen sich, wenn sie jedes Jahr im Frühjahr einen kräftigen Rückschnitt erhalten. Anschließend ist eine Düngung mit Kompost oder verrottetem Mist für einen kräftigen Austrieb förderlich. Die Sorten brauchen außerdem im Herbst einen Frostschutz.

Rosen

Salbei

Salbei

(Salvia officinalis)

Selbst wenn ein typisches Alpinum entstehen soll, dürfen auch Kräuterpflanzen einen Platz zwischen den Steinen erhalten. So kommen beispielweise Lavendel, Bergbohnenkraut, Thymian und andere Arten wild in den Bergen vor. Zu Hause lässt sich neben diesen Kräutern auch der Echte Salbei aufnehmen. Der immergrüne Strauch aus dem Mittelmeerraum bildet einen etwa kniehohen Busch, dessen silbrige Blätter im Winter erhalten bleiben. Im Sommer wartet er mit schönen blauen Blüten auf.

Standort

Die nicht ganz winterharten Sträucher sollten einen geschützten Platz an einer südseitig ausgerichteten Stelle im Steingarten bekommen. Der Boden sollte wasserdurchlässig sein.

Pflege

Im Winter bekommt den immergrünen Gehölzen ein luftiger Frostschutz mit Fichtenreisig gut.

Steinbrech

(Saxifraga-Arten)

Kaum zu glauben, welche Kraft in den zarten Pflänzchen steckt. Wenn die Samen in Felsspalten zur Keimung kommen, treiben sie ihre Wurzeln in den Fels, um sich dauerhaft zu verankern. Mit Hilfe von Wasser und Frost sprengen sie das Gestein und bilden mit der Zeit ausgebreitete feste Polster. Im Steingarten erhalten Steinbrech-Arten einen vorbereiteten Boden zwischen den Steinen, das fördert die Ausbreitung dieser robusten und genügsamen Stauden. Aus den immergrünen Blattrosetten bringen sie im Frühjahr zarte Blütchen hervor.

Standort

Ideal für ein langes Pflanzenleben ist ein vorwiegend mineralisches Substrat aus Sand, Splitt und Gartenerde, das einen raschen Wasserabzug ermöglicht; der Standort kann sonnig bis halbschattig sein.

Pflege

Eine Schattierung mit Reisig oder Schattenleinen erleichtert den Jungpflanzen das Anwachsen. Später halten Steinbrech-Arten jedem Wetter stand.

Steinbrech

Steinkraut

Steinkraut

(Alyssum montanum)

Diese immergrüne Polsterstaude kommt auf kargen Böden bestens zurecht.
Das Kreuzblütengewächs (Brassicaceae) treibt ihre kräftigen Wurzeln zwischen schmalen Fugen in den blanken Fels und bildet selbst ohne Erde üppige Horste. Diese bringen jedes Jahr zuverlässig im Frühjahr ihre leuchtend gelben Blütenbüschel hervor, die intensiv nach Honig duften. Sie werden gerne von Bienen und anderen Insekten aufgesucht, die den Nektar sammeln. Nebenbei bestäuben die Besucher die Blüten, sodass reichlich Samen reifen. Die robusten Pflanzen vermehren sich in Trockenmauern und Steingärten selbst. Es genügt, einige Exemplare gezielt anzusiedeln.

Standort

Das Steinkraut bevorzugt vollsonnige Plätze mit kalkhaltigem Substrat. Selbst steile Trockenmauern in Südlagen bieten günstige Wachstumsbedingungen.

Pflege

Die Pflege beschränkt sich auf die Bewässerung nach dem Pflanzen und das Ausputzen welker Blätter. Die immergrünen Stauden brauchen keinen Frostschutz.

Thymian

(Thymus vulgaris)

Freunde von Kräuterpflanzen kommen durch die Anlage einer Trockenmauer oder einer Kräuterschnecke auf ihre Kosten. In diesen Steingärten finden Kräuterpflanzen ideale Wachstumsbedingungen, zumal sie an sonnigen Plätzen gebaut werden. Neben Salbei, Lavendel und

Thymian

dem Wilden Majoran (Origanum vulgaris) sollte auch der Thymian einen Platz (oder mehrere) erhalten. Die genügsamen immergrünen Duftsträucher bieten sich im Sommer jederzeit zum Schnitt einiger Zweige für die Küche an.

Standort

Die kleinen Sträucher lassen sich in Fugen von Trockenmauern bzw. Steingärten einsetzen oder für Beeteinfassungen nutzen. Sie brauchen durchlässigen Boden.

Pflege

Im Herbst kommt den immergrünen Sträuchern ein luftiger Frostschutz mit Fichtenreisig zugute. Im Frühjahr ist ein maßvoller Rückschnitt für die Verjüngung förderlich.

Traubenhyazinthen

Traubenhyazinthen

(Muscari armeniacum)

Im Handel sind neben verschiedenen Wildtulpen viele andere kleine Zwiebelblumen erhältlich, die sich zum Verwildern in Steingärten eignen. Zu empfehlen sind die Traubenhyazinthen, die sich mittels Tochterzwiebeln und durch Selbstaussaat überall in den Fugen ausbreiten und auch vor den Gartenbeeten nicht Halt machen. Bemerkenswert ist neben ihrer Vitalität auch die lang anhaltende Blütezeit im Frühjahr. Wer besonders große Blütenstände haben möchte, sollte zu den gezüchteten Sorten greifen. Die Pflanzzeit geht mit dem Einsetzen anderer Frühjahrszwiebeln von September bis November einher.

Standort

Die sehr genügsamen Zwiebelblümchen lassen sich an jedem Ort im Steingarten oder auch in Trögen ansiedeln.

Pflege

Wie andere Wildzwiebelblumen bleiben auch Traubenhyazinthen ungestört im Boden. Zu üppige Bestände lassen sich im Frühjahr nach der Blüte teilen und umpflanzen.

Wildtulpen

Wildtulpen

(Tulipa-Arten)

Neben Stauden und Gehölzen sollten Zwiebelblumen einen Platz im Steingarten erhalten. Es müssen keine heimischen Arten sein, zumal asiatische genauso gut mit den schwierigen Standortbedingungen zurecht kommen. Besonders zu empfehlen sind die kleinen Wildtulpen, wie die Tulipa tarda, die am Naturstandort im Gebirge wächst. Sie bildet im Garten, etwa in einem alpinen Steingarten oder in einem Kiesbeet sehr langlebige Bestände, die zunehmend üppiger werden. Anders als Hybrid-Tulpen bleiben die Zwiebeln der Wildtulpen im Boden. Sie sollten nicht gestört werden und in Ruhe einziehen.

Standort

Wie in der Natur in asiatischen Steppen brauchen Wildtulpen zur Blütezeit vollsonnige Plätze auf durchlässigen Böden.

Pflege

Die welken Blütenstände und Blätter der Wildtulpen werden erst entfernt, wenn sie völlig vertrocknet sind.

Zwergweiden

(Salix-Arten)

Neben den bekannten großen Weidenbäumen, die am Wasser wachsen und oft mittels Samen in den Gartenbeeten Fuß fassen, kommen in den Alpen einige kleine Arten wild vor. Diese lassen sich auch in Steingärten aufnehmen, zumal sie nicht zu groß werden und mit den kargen Standortverhältnissen zurecht kommen. Eine schöne Art aus den Westalpen ist die Schweizer Weide (Salix helvetica). Sie bildet einen etwa kniehohen Busch, der silbrige Blätter entfaltet. Eine andere Art kriecht zwischen den Felsen dahin. Die Zweige der Netzweide (S. reticulata) bilden Wurzeln, wo sie den Boden berühren. Diese Vitalität lässt sich gezielt zur Vermehrung von Jungpflanzen nutzen. Weidentriebe, die im Winter geschnitten werden, treiben sogar in einem Glas mit Wasser Wurzeln.

Zwergweiden

Standort

Günstig für Weiden ist ein Platz in einer feuchten Mulde etwa neben einer Wasserstelle im Steingarten. Der Boden sollte nährstoffreich sein.

Pflege

Weiden vertragen im Frühjahr nach der Blütezeit einen Rückschnitt. Sie bilden dann im Sommer wieder neue Blütentriebe für das nächste Jahr. Die Sträucher sind übrigens zweihäusig, das heißt, es gibt weibliche und männliche Exemplare. Nur die männlichen bringen auffällige Blütenkätzchen hervor.

Gartenkalender

Gartenkalender

Steingartenpflege rund ums Jahr

Sempervivum (= immerlebend) oder sempervirens (= immergrün) spricht für viele Steingartenpflanzen. Sowohl Gehölze, wie die Bergkiefern, die in der Natur strenger Kälte und sommerlicher Hitze Stand halten müssen, als auch viele Polsterstauden, wie Hauswurz (Sempervivum), Steinbrech (Saxifraga) oder Mauerpfeffer (Sedum), zeichnen sich durch eine besondere Härte und Genügsamkeit aus. Dementsprechend gestaltet sich die Pflege dieser ungewöhnlichen Steingartenbewohner recht einfach.
Der übersichtliche Kalender auf den folgenden Seiten zeigt die anstehenden Arbeiten, die in jedem einzelnen Monat anfallen.

Trockenmauer

- Planung neuer Anlagen
- Auswahl und Bestellung von Pflanzen und Saatgut
- Schnitt der Gehölze bei mildem Wetter
- Werkzeuge säubern und warten
- Bei mildem Wetter Boden für Neuanlagen bearbeiten
- Steine und Humus beschaffen
- Zeit für Bauarbeiten bei mildem Wetter (z. B. Treppen und Wege)

Januar

- Frostschutz kontrollieren
- Noch Frostschutz und Schattierung mit Fichtenreisig bei Stauden und Zwiebelblumen
- Schutz gegen Wildverbiss
- Gräser einpacken
- Immergrüne bei Trockenheit bewässern
- Behandlung von Kaltkeimern (Christrosen, Adonis u. a. Staudensamen vor der Aussaat kühl lagern oder direkt im Freien säen)
- Samen von Steingartenpflanzen putzen und sortieren (Ernte aus dem letzten Jahr)

Februar

- Frostschutz kontrollieren
- Frostschutz am Tag zum Teil entfernen (bei blühenden Zwiebelblumen), bei Nacht oder bei Spätfrost wieder auflegen
- Gehölze schneiden (z. B. störende Äste bei Bergkiefern)
- Gehölze durch Steckhölzer vermehren (z. B. Zwergweiden)
- Stauden und Sommerblumen auswählen und bestellen
- Aussaat von Gehölzen, Stauden und Sommerblumen im Haus beginnen

Gartenkalender

- Steingärten planen (z. B. auch Kräuterschnecke, Trockenmauer etc.)
- Boden vorbereiten für Neuanlagen
- Gestaltungselemente planen und bauen (z. B. Treppe, Hangsicherung etc.)
- Pflanzung beginnen bei mildem Wetter (z. B. Gehölze umpflanzen)
- Immergrüne bei Trockenheit gießen (z. B. Buchs und Koniferen in Schalen)
- Baumstämme und empfindliche Gehölze vor Wintersonne schützen (z. B. Rhododendren)

März

- Frostschutz teilweise entfernen (bei Netziris u. a. Frühblühern), zum Schutz vor Spätfrösten noch griffbereit halten
- Stauden- und Gräser rechtzeitig vor dem Austrieb zurückschneiden (soweit nicht schon im Herbst geschehen)
- Noch Gehölze schneiden
- Rosen bei mildem Wetter schneiden (rechtzeitig vor dem Neuaustrieb)
- Frostschäden behandeln (z. B. Rückschnitt bei immergrünen Gehölzen)
- Gehölze durch Steckhölzer vermehren (Weiden, Forsythien u. a.)
- Bei mildem Wetter beginnt die Pflanzzeit für alle Arten (Gehölze, Stauden, Gräser)
- Störende Pflanzen umsetzen
- Stauden teilen
- Zwiebelblumen nach der Blüte einziehen lassen
- Christrosen, Alpenveilchen, Primeln u. a. Topfpflanzen in den Garten umsetzen
- Rhododendren mit frischem Moorbeetsubstrat versorgen
- Sommerblumen, Stauden und Gehölze durch Samen vermehren (Aussaat im Haus oder Frühbeet)

- Neuanlage von Steingärten oder Renovierung
- Stauden düngen (mit Kompost versorgen)
- Freiflächen im Steingarten mulchen mit Splitt oder Blähtongranulat

April

- Frostschutz entfernen; nur bei südländischen Arten noch griffbereit halten (z. B. Rosmarin)
- Störende Keimlinge rechtzeitig jäten, bei unbekannten Pflanzen warten, bis die Art erkennbar ist
- Stauden noch rechtzeitig vor dem Austrieb teilen; Frühblüher (z. B. Primeln) aber erst nach der Blütezeit oder im Herbst
- Pflanzzeit für alle Arten (Gehölze, Stauden, Gräser)
- Steingärten anlegen und bepflanzen
- Zwiebelblumen einziehen lassen; falls nötig erst umpflanzen, wenn das Laub vertrocknet ist; Wildzwiebeln im Boden lassen, nur Hybrid-Tulpen ausgraben und bis zum Herbst lagern
- Schattenstauden einziehen lassen; Lungenkraut, Primeln u. a. ziehen sich zurück, wenn die Bäume Blätter bekommen
- Stauden düngen (mit Kompost)
- Rhododendren umpflanzen (nach der Blüte) oder mit frischem Moorbeetsubstrat versorgen
- Frühjahrsblüher nach der Blüte schneiden (z. B. Forsythien)
- Hauptblütezeit für viele Polsterstauden (Blaukissen, Steinkraut u. a.)
- Pflanzenschutz schon beim Austrieb, insbesondere Schutz vor Schnecken
- Mulchen mit Splitt, Blähtongranulat oder anderen mineralischen Materialien

Gartenkalender

Mai

- Noch ist Pflanzzeit für Containerpflanzen (Stauden und Gehölze)
- Kräuter pflanzen (frische Topfpflanzen in Steingärten „einstreuen")
- Frostschutz völlig entfernen (auch bei mediterranen Arten wie Rosmarin)
- Große Stauden stützen (z. B. Rittersporn und Pfingstrosen)
- Störende Pflanzen jäten
- Kübelpflanzen in den Steingarten ausquartieren (z. B. Agaven, Opuntien, Rosmarin)
- Mediterranen Garten als Steingarten gestalten
- Sommerblumen auspflanzen (z. B. Gazanien, Canna, Knollenbegonien)
- Bei trockenem Wetter gießen (vor allem Neupflanzungen)
- Steingarten in Pflanzgefäß anlegen
- Empfindliche Stauden schattieren
- Blütezeit vieler Steingartenstauden

Juni

- Pflanzzeit von Stauden und Gehölzen mit Containerpflanzen
- Gießen bei anhaltender Trockenheit
- Jäten von störenden Keimlingen
- Kräuter ernten
- Hauptblütezeit der Rosen
- Wasserstellen anlegen (Brunnen oder Quellsteine im Steingarten)
- Stauden, Kräuter und Gehölze durch Stecklinge vermehren
- Formschnittgehölze trimmen (z. B. Kugelbuchs im Kiesbeet)
- Welke Blüten bei Stauden entfernen (es sei denn, sie sollen Samen bilden)
- Mustergärten besuchen (Gestaltungsideen sammeln)
- Früh blühende Stauden teilen (z. B. Iris)

Juli

- Stauden- und Gehölzpflanzung mit Containerpflanzen
- Bewässerung in Trockenperioden
- Staudensamen für Vermehrung sammeln
- Stauden nach der Blüte teilen
- Hohe Stauden vor Wind schützen (mit Staudenstützen)
- Rückschnitt welker Blütenstände (z. B. bei Rittersporn) regt zu neuer Blütenbildung an
- Sichtungsgärten besuchen (auch Gartenschauen)
- Wasserstellen einrichten (Quellen, Brunnen)
- Formschnitt bei Kugelbäumchen, Säulen etc.
- Jäten und mulchen auf freien Beetflächen
- Steingärten anlegen
- Kräuter ernten und trocknen

August

- Gießen bei Trockenheit (evtl. Urlaubsvertretung organisieren)
- Mulchen mit Blähtongranulat, Splitt oder anderen mineralischen Materialien im Steingarten
- Wasserstellen schaffen
- Samen ernten für Vermehrung
- Jäten zwischen Steinen

- Quecken (Unkraut) evtl. mit Gasbrenner abflämmen
- Rückschnitt welker Blütenstände; bei Wildstauden zur Samenreife erhalten
- Nützlinge schonen (z. B. Eidechsen nicht verschrecken)
- Polsterstauden durch Ausläufer vermehren („Kindel" bei Hauswurz abtrennen)
- Erdbeeren in Trockenmauer ansiedeln (Walderdbeeren zum Verwildern)
- Pflanzenschutz mit biologischen Mitteln (z. B. kranke Pflanzenteile abschneiden und vernichten)
- Termin zum Schnitt von Nadelgehölzen (z. B. Bergkiefern)
- Termin für die Vermehrung von immergrünen Gehölzen durch Stecklinge

September

- Pflanzzeit mit Containerpflanzen; ab Monatsende auch mit losen Wurzeln oder Erdballen
- Günstige Zeit zum Umpflanzen von Nadelgehölzen
- Umpflanzung und Teilung von Stauden
- Zwiebeln pflanzen für das Frühjahr
- Mulchen mit Splitt, Blähtongranulat und anderen mineralischen Materialien
- Gießen bei Trockenheit
- Frostschutz für empfindliche Pflanzen vorbereiten
- Samen ernten für Vermehrung
- Termin für die Vermehrung von immergrünen Gehölzen durch Stecklinge
- Einjährige Sommerblumen durch winterharte Arten ersetzen (Pflanzen besorgen)

Oktober

- Pflanzzeit für alle Gehölze und Stauden, bis auf frostempfindliche Arten
- Umgestaltung im Steingarten mit Umpflanzarbeiten
- Frostschutz vorbereiten (Fichtenreisig besorgen)
- Frostempfindliche Arten langsam einquartieren (bei Frostgefahr)
- Falllaub in Staudenbeeten liegen lassen (Frostschutz und Mulchmaterial)
- Schnittgut kompostieren
- Reifen Kompost verwerten (z. B. bei Pflanzungen)
- Zwiebeln pflanzen für das Frühjahr
- Rhododendren in frisches Substrat pflanzen
- Wasserleitungen und frostempfindliche Wasserbecken leeren
- Steingarten unter Glas anlegen (z. B. im Wintergarten)

November

- Pflanzzeit für alle Gehölze und Stauden, bis auf frostempfindliche Arten
- Nicht ganz winterharte Pflanzen einpacken (z. B. mit Laub anhäufeln und mit Reisig bedecken)
- Frostempfindliche Arten einquartieren (bei Frostgefahr)
- Schnittgut kompostieren, Kompost umsetzen und verwerten
- Rosen nur ausputzen, dann mit Erde anhäufeln; Rückschnitt erst im Spätwinter
- Laubhaufen, lose Steinhaufen, Holzstapel etc. liegen lassen für Igel, Kröten und andere Nützlinge
- Wasserstellen leeren, wenn frostgefährdet

Gartenkalender

- Stauden- und Gräserrückschnitt erst im Frühjahr; im Herbst nur ausputzen (z. B. kranke Pflanzenteile)
- Zwiebeln pflanzen für das Frühjahr, auch Wildarten zum Verwildern
- Kaltkeimer im Freien oder im Frühbeet säen (z. B. Helleborus, Adonis etc.)

Dezember

- Frostschutz kontrollieren, falls nötig noch anbringen
- Frisch gepflanzte Stauden abdecken gegen Hochfrieren
- Immergrüne bei Trockenheit bewässern (z. B. Buchs, Kirschlorbeer, Rhododendren)
- Kübelpflanzen im Winterquartier kontrollieren (Rosmarin, Agaven u. a.)
- Steingärten in Schalen geschützt platzieren (aber im Freien oder in kühlen Räumen, nicht für Wohnräume geeignet)
- Nassschnee bei Koniferen und immergrünen Laubgehölzen im Steingarten abschütteln
- Planung für das nächste Jahr beginnen
- Gesteinsmaterial beschaffen (auch während des Jahres bei Gelegenheit)
- Kaltkeimer im Freien oder im Frühbeet säen (z. B. Helleborus, Adonis etc.)

- Wilde Alpenveilchen, Christrosen, Schneeglöckchen u. a. Steingartenpflanzen in Töpfen als Zimmerpflanzen vortreiben oder besorgen (im Frühjahr auspflanzen)

Material- und Werkzeugliste für den Bau einer Kräuterschnecke (S. 32)

Jedes neue Gartenprojekt erfordert eine intensive Planung. Um dabei nicht den Überblick zu verlieren, ist eine Checkliste sehr hilfreich, die im nachfolgenden Beispiel zum Bau einer Kräuterschnecke dient. Diese Liste soll eine Anregung sein, und lässt sich natürlich für jedes Projekt abwandeln und anwenden.

Checkliste

Baustoffe (Steinbruch, Schotterwerk, Feldsteine)	vorhanden	bestellt	noch zu besorgen
Bruchsteine	☐	☐	☐
Pflanzen (Wochenmarkt, Gartencenter, eigene Aussaat)	**vorhanden**	**bestellt**	**noch zu besorgen**
Kräuter z. B. Salbei, Lavendel, Ysop, Thymian, Pfefferminze, Zitronenmelisse	☐	☐	☐
____________________ (Platz für eigene Wünsche)	☐	☐	☐
Substrat, Bodenverbesserungsmittel (Baumarkt, Sandgrube)	**vorhanden**	**bestellt**	**noch zu besorgen**
Gartenerde	☐	☐	☐
Sand	☐	☐	☐
Kompost	☐	☐	☐
Geräte, Werkzeuge (Baumarkt, evtl. beim Nachbarn ausleihen)	**vorhanden**	**bestellt**	**noch zu besorgen**
Schubkarre	☐	☐	☐
Schaufel	☐	☐	☐
Spaten	☐	☐	☐
Pflanzschaufel	☐	☐	☐
Gießkanne	☐	☐	☐
Handschuhe	☐	☐	☐

Stichwortverzeichnis